Rechtstheorie zur Einführung

Alexander Somek

Rechtstheorie zur Einführung

JUNIUS

Cornelia Vismann (1961–2010) zum Gedächtnis

Junius Verlag GmbH
Stresemannstraße 375
22761 Hamburg
www.junius-verlag.de

Umschlaggestaltung: Florian Zietz
Titelbild: Gustav Klimt, »Jurisprudenz«
© Leopold Museum Privatstiftung
Satz: Junius Verlag GmbH
Printed in the EU 2017
ISBN 978-3-88506-783-2

Bibliografische Information der Deutschen Nationalbibliothek
Die Deutsche Nationalbibliothek verzeichnet diese Publikation in der Deutschen Nationalbibliografie; detaillierte bibliografische Daten sind im Internet über http://dnb.d-nb.de abrufbar.

Zur Einführung …

… hat diese Taschenbuchreihe seit ihrer Gründung 1977 gedient. Zunächst als sozialistische Initiative gestartet, die philosophisches Wissen allgemein zugänglich machen und so den Marsch durch die Institutionen theoretisch ausrüsten sollte, wurden die Bände in den achtziger Jahren zu einem verlässlichen Leitfaden durch das Labyrinth der neuen Unübersichtlichkeit. Mit der Kombination von Wissensvermittlung und kritischer Analyse haben die Junius-Bände stilbildend gewirkt.

Seit den neunziger Jahren reformierten sich Teile der Geisteswissenschaften als Kulturwissenschaften und brachten neue Fächer und Schwerpunkte wie Medienwissenschaften, Wissenschaftsgeschichte oder Bildwissenschaften hervor. Auch im Verhältnis zu den Naturwissenschaften sahen sich die traditionellen Kernfächer der Geisteswissenschaften neuen Herausforderungen ausgesetzt. Diesen Veränderungen trug eine Neuausrichtung der Junius-Reihe Rechnung, die seit 2003 von der verstorbenen Cornelia Vismann und zwei der Unterzeichnenden (M.H. und D.T.) verantwortet wurde.

Ein Jahrzehnt später erweisen sich die Kulturwissenschaften eher als notwendige Erweiterung denn als Neubegründung der Geisteswissenschaften. In den Fokus sind neue, nicht zuletzt politik- und sozialwissenschaftliche Fragen gerückt, die sich produktiv mit den geistes- und kulturwissenschaftlichen Problemstellungen vermengt haben. So scheint eine erneute Inventur der Reihe sinnvoll, deren Aufgabe unverändert darin besteht, kompetent und anschaulich zu vermitteln, was kritisches Denken und Forschen jenseits naturwissenschaftlicher Zugänge heute zu leisten vermag.

Zur Einführung ist für Leute geschrieben, denen daran gelegen ist, sich über bekannte und manchmal weniger bekannte Autor(inn)en und Themen zu orientieren. Sie wollen klassische Fragen in neuem Licht und neue Forschungsfelder in gültiger Form dargestellt sehen.

Zur Einführung ist von Leuten geschrieben, die nicht nur einen souveränen Überblick geben, sondern ihren eigenen Standpunkt markieren. Vermittlung heißt nicht Verwässerung, Repräsentativität nicht Vollständigkeit. Die Autorinnen und Autoren der Reihe haben eine eigene Perspektive auf ihren Gegenstand, und ihre Handschrift ist in den einzelnen Bänden deutlich erkennbar.

Zur Einführung ist in der Hinsicht traditionell, dass es den Stärken des gedruckten Buchs – die Darstellung baut auf Übersichtlichkeit, Sorgfalt und reflexive Distanz, das Medium auf Handhabbarkeit und Haltbarkeit – auch in Zeiten liquider Netzpublikationen vertraut.

Zur Einführung bleibt seinem ursprünglichen Konzept treu, indem es die Zirkulation von Ideen, Erkenntnissen und Wissen befördert.

Michael Hagner
Ina Kerner
Dieter Thomä

Inhalt

Vorwort

Dieses Buch geht auf einführende Lehrveranstaltungen zurück, die ich in den letzten Jahren an der University of Iowa und an der Universität Wien gehalten habe.

Das Buchprojekt wurde ursprünglich von Cornelia Vismann angeregt. Sie wollte von mir eine Einführung in die Rechtstheorie zu einem Zeitpunkt haben, da ich mich nicht dazu berufen fühlte, das Denken anderer darzustellen. Ich wollte selbst zur Sache kommen. Sie zeigte Verständnis dafür, und aus dem Buch wurde vorläufig nichts.

Mit meiner Rückkehr nach Wien im Jahr 2015 erwachte mein Interesse am Verfassen einer deutschsprachigen Einführung. Steffen Herrmann war freundlich genug, sich für meinen Vorschlag zu interessieren. Seine liebenswürdige Ermahnung, ein Werk zu verfassen, das auch er, ein Uneingeweihter, verstehen könne, ermutigte mich dazu, zum Zweck der Darstellung einen neuen Weg zu gehen.

Es stimmt mich sehr traurig, dass ich das Ergebnis meiner Bemühungen Cornelia nicht mehr vorlegen kann. Dass sie es geschätzt hätte, würde ich mir dennoch gern einbilden.

Um die Korrektur und die Verbesserung der Lesbarkeit des Texts haben sich neben meiner Frau Sabine auch Hanna Mosler und Raphaela Tiefenbacher verdient gemacht. Markus Löscher und andere Mitarbeiter von »Gerlach Rechtsanwälte« haben mich durch ihre positiven Rückmeldungen dazu ermutigt, den eingeschlagenen stilistischen Weg durchzuhalten.

Wien, im November 2016 Alexander Somek

1. Rechtliches Wissen

§ 1

Die Rechtstheorie will aufklären, wie rechtliches Wissen möglich ist. Ein solches Wissen weiß, was Recht ist. Sich seiner Möglichkeit zu versichern ist nicht unerheblich. Immerhin gibt es das Recht nur, weil jemand weiß, was Recht ist. Ohne dieses Wissen gäbe es kein Recht.

§ 2

Gewusst zu werden ist dem Recht nicht äußerlich.

Gegenstand (zum Betrachter): »Ob du mich ansiehst oder nicht, ist mir egal.«

Betrachter (zum Gegenstand, mit verschränkten Händen): »Und mich kümmert's gar nicht, dass dich das nicht kümmert.«

Es verhält sich nicht so, dass es auf der einen Seite das Recht gibt und auf der anderen Seite das Wissen – gerade so, als ob zwischen beiden keine innere Beziehung, sondern bloß ein Verhältnis äußerlichen Bezugnehmens bestünde. Im Gegenteil, die Geltung von Rechtsregeln und das Bestehen von rechtlichen Institutionen (wie Verträgen) sind durch Wissensansprüche vermittelt.

Jedem Vertrag, der etwas auf sich hält, lässt sich eine reflexive Stellungnahme zu seiner eigenen Verbindlichkeit zuschreiben. Er weiß um sein Vertragsein oder meint wenigstens, dies zu wissen.

Vertrag: »Hallo, ich bin nicht nur ein Stück Prosa.«

Wenn die Gesetzgebung aktiv wird, setzt sie implizit die Wahrheit der Aussage voraus, dass sie aufgrund der Verfassung zur Gesetzgebung berufen ist.

Alles Erheben von Rechtsansprüchen ist durch rechtliches Wissen vermittelt.

Diese Vermittlung ist keine Einbahnstraße. Sie verläuft in zwei Richtungen.

§ 3

Die eine Richtung führt vom rechtlichen Wissen zum Recht:

Mutter: »Das darfst du nicht tun, weil du sonst öffentliches Ärgernis erregst.«

Kind: »Ich darf nicht?«

Mutter: »Nein.«

Das Wissen, dass es eine Verbotsnorm gibt und ein Verhalten dagegen verstieße, vermittelt die Einsicht in das, was verboten ist.

§ 4

Die Vermittlung verläuft aber auch in die andere Richtung:

Partei: »Dieser Vertrag verstößt gegen die Schöpfungsordnung.«

Richterin: »Na und?«

Was als rechtliches Wissen auftritt, ist nur insofern sozial relevant, als es vom Recht, wie es praktiziert wird, nicht als unerheblich oder verstiegen zurückgewiesen wird. Vieles tritt als rechtliches Wissen auf, das diese Relevanzschwelle nicht erreicht. Es erfüllt die Zulassungsbedingung jedenfalls dann nicht, wenn es nicht den Eindruck zu erwecken vermag, geschultem juristischen Denken entsprungen zu sein (dem »thinking like a lawyer«, wie man in den USA sagt).

Partei: »Verträge, die gegen die Schöpfungsordnung verstoßen, verletzen die ›guten Sitten‹ und sind daher ungültig.«
Richterin: »Woher leiten Sie das ab?«
Partei: »Aus der *lex naturalis.* Sie ist der Abdruck, den das ewige göttliche Gesetz – die *lex aeterna* – gleich einem Siegelring in der menschlichen Seele hinterlassen hat.«
Die Richterin räuspert sich und blättert verlegen in der Akte. Zum gegnerischen Anwalt gewandt: »Können wir fortfahren?«

Um sein zu können, was es sein will, muss das rechtliche Wissen vom Recht, wie es ist, approbiert werden.

An diesem Zulassen zeigt sich, dass das Recht nicht nur der Gegenstand, sondern auch das Subjekt seines Wissens ist. Das Recht ist nicht nur die Norm. Es ist auch die denkende Erfassung der Norm. Das Recht besitzt Subjektivität und Objektivität.

Rechtliches Wissen ist eine Form des Sichwissens. Es ist Wissen *des* Rechts *durch* das Recht.

§ 5

Seiner Form nach ist das rechtliche Wissen darauf zugeschnitten, ein Gerichtsurteil oder eine behördliche Erledigung zu begründen. Letztlich sprechen solche Rechtsakte aus, was Recht ist. Sie tun dies, indem sie über einen Rechtsanspruch entscheiden. Das rechtliche Wissen bestimmt, was der eine dem anderen schuldet.

Vermöge des rechtlichen Wissens werden Rechtsnormen so verstanden, dass sie zur Behauptung und Beurteilung von Rechtsansprüchen taugen. Den mitunter kryptisch anmutenden Seiten hoheitlicher Entscheidungen entnehmen wir, wie das Recht sich selbst begreift.

Entscheidungsbegründungen verkörpern rechtliches Wissen in rechtlich relevanter Form.

§ 6

Die Subjektivität des Rechts manifestiert sich zunächst daran, wie das Recht praktiziert wird. Dies ist etwas Faktisches. Das rechtliche Wissen – die Subjektseite des Rechts – ist insofern »objektiv« in einem Sinn, der nichts über seinen Wahrheitsgehalt aussagt. Praktiken rechtlichen Wissens sind soziale Tatsachen. An ihnen manifestiert sich ein intellektueller Habitus.

Wissender: »So argumentiert man im Zivilrecht.«

Richterin: »Ein Strafrechtsproblem geht man wie folgt an ...«

Das habitualisierte rechtliche Wissen ist nicht bloß ein Geflecht von Gedanken. Es existiert in einem sozialen Raum. Es ist in einem *soziologischen Sinn* »objektiv«. Es gibt juristische Experten, die viele Unternehmen und Institutionen mit der Ressource des rechtlichen Wissens versorgen.

Denker: »Das denkende Subjekt ist ein Teil der Welt der Objekte. Insofern ist sein Denken objektiv.«

Von dieser soziologischen Objektivität ist der kritische Objektivitätsanspruch rechtlichen Wissens zu unterscheiden. Er tritt implizit mit dem Anspruch auf, das Recht *richtig* zu wissen. Jede Expertise *muss* für sich beanspruchen, in einem *kritischen Sinn* objektiv gültig zu sein. Sie könnte sich nicht darauf zurückziehen, zynisch zu verstehen zu geben, dass sie bloß manipuliere, täusche, lüge und betrüge. Denn es sind korrekte rechtliche Wissensansprüche, welche die soziale Existenz des Rechts ermöglichen.

Dieser kritische Objektivitätsanspruch ist von der Objektivität rechtlichen Wissens in einem soziologischen Sinn zu unterscheiden. Letztere ist manifest an dem sozialen Faktum, dass Menschen zu wissen behaupten, was das Recht ist.

Denker: »Das Denken des Subjekts ist ein Teil der objektiven Welt, auch wenn es unsinnig ist.«

§ 7

Das Recht richtet somit, um möglich zu sein, an sich selbst die Forderung, auf gültigem rechtlichen Wissen zu beruhen; das heißt, auf Methoden oder Verfahren, das Recht in einem kritischen Sinn *objektiv* zu wissen.

Wissender: »Etwas wird ›objektiv‹ gewusst, wenn das Wissen auch richtig ist. ›Subjektives‹ Wissen bezeichnet demgegenüber einen Zustand bloßen Glaubens ohne Rücksicht darauf, ob dieser Glaube wahr oder falsch ist.«

Die kritische Analyse des juristischen Denkens versucht zu bestimmen, wie wir wissen können, was rechtens ist.

Das rechtliche Wissen ist auf die Begründung von Ansprüchen zugeschnitten, die eine Person gegen eine andere hat. Die Möglichkeit dieses Wissens untersucht die Rechtstheorie. Mit ihr geht ein Verständnis von Rechtswissenschaft einher, das die analytische Vorbereitung der Rechtsanwendung in den Mittelpunkt stellt.

§ 8

Kind: »Das ist ein Vertrag.«
Richterin: »Woher weißt du das?«
Kind: »Ich hab's gesehen.«
Richterin (seufzend): »Ach, Kind!«

§ 9

Die Existenz von Recht ist durch rechtliches Wissen vermittelt. Dieses Wissen muss an sich selbst die Forderung richten, das Recht korrekt zu wissen. Der Anspruch, dass das rechtliche Wissen in einem kritischen Sinn objektiv ist, ist also der Existenz von Rechtsordnungen immanent.

Der kritische Wissensanspruch gehört zur sozialen Existenz rechtlichen Wissens. Ohne diesen Anspruch gäbe es kein Recht, sondern nur eine Masse an unverbundenen Verhaltenszumutungen.

§ 10

Daraus scheint zu folgen, dass sich Rechtsordnungen, solange sie *de facto* existieren, bloß korrektem rechtlichen Wissen verdanken können. Die Existenz von Recht belegt die Objektivität im kritischen Sinn. Denn ohne objektives Wissen könnte es kein Recht geben. Nun gibt es aber Recht. Das Dasein des Rechts dürfte der Beweis für die Richtigkeit des Wissens sein, das dieses Dasein vermittelt.

Bei Konzessionen an die Faktizität des Wissens ist allerdings Vorsicht geboten. Denn es gibt auch *falsches Recht.* Es handelt sich dabei entweder um *scheinbares* Recht oder um Recht, das seinen Rechtsgrund *missversteht.*

§ 11

Es ist denkbar, dass das vermeintliche Recht bloß verkappte Macht oder getarntes Geld ist, etwa »Klassenrecht« (siehe sogleich unten § 13). Würden Rechtsansprüche nicht durch rechtliches Wissen, sondern nur durch Macht oder Geld vermittelt, dann befände sich das rechtliche Wissen am Gängelband von Reichtum und Prestige. Es gäbe keine Rechtsordnung, sondern eine Plutokratie und Timokratie in rechtlicher Verbrämung. Das Recht entpuppte sich also als Erwerbstätigkeit oder als politische Maßnahme.

Kritiker des Rechts haben dies verschiedentlich behauptet. Sie haben korrekt erfasst, dass die Einlösung des Wahrheitsanspruchs nicht aus der Existenz dessen abgeleitet werden darf, was sich bloß als Recht *ausgibt.* Es muss Recht *sein.* Ob etwas Recht ist, vermittelt die richtige Erkenntnis – und nicht die Macht und nicht das Geld.

Das existierende rechtliche Wissen entwickelt Darstellungen seiner selbst und seiner eigenen Möglichkeit. Aber es kann irren. Objektivem rechtlichen Wissen im soziologischen Sinn kann die Objektivität im kritischen Sinn fehlen, auch wenn es diese für sich in Anspruch nehmen muss (zur Unterscheidung siehe oben § 7).

§ 12

Umgekehrt kann die Kritik feststellen, dass das Recht zwar Recht ist, aber seinen eigenen Grund nicht versteht. Das Wissen, durch das es sich ermöglicht sieht, ist falsch. Die Kritik steht dann vor der Aufgabe, jenes Wissen zu rekonstruieren, das die Existenz des Rechts erklärt, obwohl es vom Recht ignoriert oder beiseitegeschoben wird.

Richterin: »Aus dem Wertesystem, das der Verfassung zugrunde liegt, folgt, dass ein Vertrag, der gegen die Schöpfungsordnung verstößt, mit Gesetz und Recht nicht zu vereinbaren ist.«

Anwalt: »Natürlich ist das alles Humbug. Aber die Prozessordnung ermächtigt die Richterin eines Höchstgerichts dazu, allerlei Humbug als Recht auszugeben. Was sie sagt, ist Recht, auch wenn sie selbst nicht versteht, warum dem so ist.«

Eine Entscheidung mag sich so darstellen, als ob sie auf einer Ideenschau beruht. Was aber, wenn es eine solche Schau nicht geben kann? Man mag dann folgern, dass die Entscheidung *in Wahrheit* auf der Rechtsetzungsbefugnis des Organs beruht, das dazu ermächtigt ist, aus einer vermeintlichen Ideenschau etwas mit Rechtsverbindlichkeit zu folgern.

§ 13

Da objektiv gültiges Wissen die Existenz von Recht vermittelt, muss rechtliches Wissen an seiner Objektivität im kritischen Sinn interessiert sein. Ansonsten hätte es nicht das Recht zum Gegenstand (siehe unten § 77 und § 99).

Tatsächlich ist das sozial objektive rechtliche Wissen – unabhängig davon, ob es scheinbares oder missverstandenes Recht erzeugt – immer auch durch Macht oder Geld vermittelt. Es entspringt daher keinem Zufall, dass das rechtliche Wissen über seinen Wert nicht nur im Medium der Wahrheit reflektiert.

Es reflektiert über seinen Wert vor allem im Medium des Geldes. In diesem Fall begreift es sich als vermarktbare Fertigkeit. Was zählt, ist nicht seine Eignung, das Recht objektiv zu wissen, sondern seine Fähigkeit, Nachfrage nach juristischer Expertise zu schaffen.

Zögling: »Soll ich eine Lehrveranstaltung in juristischer Logik besuchen?«

Richterin: »Zeitverschwendung; es ist besser, ein Praktikum in einer Anwaltskanzlei zu absolvieren. Das macht sich besser auf dem Lebenslauf.«

Das rechtliche Wissen reflektiert über seinen Wert auch im Spiegel von Macht, indem es sich selber als ein Mittel der Zielerreichung versteht. Das rechtliche Wissen begreift sich solcherart als

Werkzeug, das dazu verwendet werden kann, andere zu beherrschen. Es sieht sich als Herrschaftswissen.

Viel intellektueller Raum im Recht unterliegt dem Einfluss von sozialer Macht. Man denke nur an die von Höchstgerichten verwendeten Auslegungsmethoden. An ihrem Gebrauch führt in der Praxis kein Weg vorbei, mögen sie auch noch so töricht sein. Ihre Relevanz zwingt jeden, der vor Gericht erfolgreich sein will, sklavisch den vorgegebenen Gepflogenheiten zu folgen. Auch wenn eine Methode auf einem tönernen Fundament steht, sie sitzt dennoch so lange fest im Sattel, als sie von der Rechtsprechung unterstützt wird. Das Ergebnis ist falsches Recht, d.h. entweder eine bloße Anmaßung seitens der politischen Macht oder Recht, das seine wahre Grundlage in der Entscheidungsbefugnis eines Höchstgerichts findet.

§ 14

Alle wohlbekannten Fragen der Rechtstheorie lassen sich darauf zurückführen, dass die Wahrheitsfähigkeit rechtlichen Wissens ihre Kernfrage ist.

Erstens fragt die Rechtstheorie in üblicher und in langatmiger Weise: »Was ist Recht?« Offensichtlich muss das rechtliche Wissen sich ein Objekt verschaffen. In diesem Zusammenhang begegnet man auch dem Problem der Rechtsgeltung.

Zweitens untersucht die Rechtstheorie die Leistungsfähigkeit rechtlichen Wissens, indem sie fragt, wie weit sein Anspruch auf Objektivität reichen kann. Erstreckt sich dieser bloß auf positives Recht oder auch auf Recht, das sich der praktischen Vernunft erschließt? Im selben Kontext steht die »Tiefe« rechtlichen Wissens zur Debatte. Ist es dazu in der Lage, eine richtige Antwort auf jede Rechtsfrage anzubieten, oder muss es sich bescheidener geben? Des Weiteren stellt die Systematizität rechtlichen Wissens ein wiederkehrendes Thema dar.

Drittens wirft die Ergründung der Leistungsfähigkeit rechtlichen Wissens Fragen auf, die seinen Status betreffen. Basiert rechtliches Wissen auf begrifflich notwendigen Grundsätzen oder ist es historisch kontingent? Je weniger Vertrauen man in die wahrheitsenthüllende Fähigkeit von rechtlichem Wissen hat, desto mehr neigen Rechtstheorien zu einer Art von Konventionalismus.

§ 15

Die Rechtstheorie hat eine Geschichte. Mit dieser muss man vertraut sein, um die Herausforderungen verstehen zu können, welche die Disziplin für sich selbst geschaffen hat.

Nicht zufällig beginnt die Geschichte der Rechtstheorie in dem Moment, als die kritische Objektivität rechtlichen Wissens erstmals zutiefst bezweifelt wurde. Dieser Moment ist gekennzeichnet vom Niedergang des letzten Exemplars der seit dem Mittelalter bestehenden Tradition der *scientia iuris*, und zwar dem juristischen Formalismus des ausgehenden neunzehnten und beginnenden zwanzigsten Jahrhunderts.

Dieser auch als »Begriffsjurisprudenz« oder »Conceptualism« verballhornte juristische Formalismus nimmt sich im Rückblick wie ein goldenes Zeitalter der Rechtswissenschaft aus. Die Fähigkeit rechtlichen Wissens zu sagen, was das Recht ist, wurde aufgrund der systematischen Durchdringung der Rechtsmaterien als gewährleistet gesehen. Die Systematisierung sollte Lückenlosigkeit verbürgen. Auf jede Rechtsfrage sollte die richtige Antwort gefunden werden können, indem man die Winkel des Systems in einer »formalen« Weise erforschte, also ohne diese Frage unter moralischen Gesichtspunkten zu beurteilen. Von der europäischen Tradition der *scientia iuris* übernahm der juristische Formalismus die Idee, dass das rechtliche Wissen und sein Gegenstand »autonom« sind. Eine Folge dieser Autonomie war, dass es eine Verfahrensweise rechtlichen Wissens geben soll, die dem Recht selbst eigentümlich ist.

Dem juristischen Formalismus ist das zweite Kapitel gewidmet. Er unterlag an der Wende vom neunzehnten zum zwanzigsten Jahrhundert einer scharfen Kritik, die das Thema des dritten Kapitels ist. Aus der Erschütterung des Formalismus erklärt sich, weshalb eine verfeinerte Version des Rechtspositivismus während des zwanzigsten Jahrhunderts die Schüsselposition für die Theorie rechtlichen Wissens spielte. Darum geht es im vierten Kapitel. Die Zusammenhänge lassen sich aus einer historischen Sicht verständlich machen, die dem Anspruch einer rationalen Nachkonstruktion besser genügt, als die aktuelle Geschichte ihr zu genügen vermochte.

§ 16

Diese bessere Geschichte verläuft in drei Phasen.

Die erste Phase wird durch die Kritik am Formalismus in den ersten drei Jahrzehnten des zwanzigsten Jahrhunderts eingeleitet. Aufgetreten ist diese Kritik im Kontext der deutschen Freirechtsbewegung und im amerikanischen Rechtsrealismus. Was den Letzteren angeht, fällt sie besonders ernüchternd aus. Alle Rechtswissenschaft wird als »transzendentaler Unsinn« denunziert. Mit dem rechtlichen Wissen ist es nichts. Es muss einerseits durch die Erklärung richterlichen Verhaltens ersetzt werden, während andererseits die Richter selbst aufgrund von moralischen oder wirtschaftlichen Erwägungen entscheiden sollen. Rechtsfragen lassen sich nur aus der Perspektive von Diskursen rational behandeln, die von juristischen Diskursen verschieden sind. Das rechtliche Wissen gilt als Chimäre entlarvt.

Die vom Rechtsrealismus ausgehende Erschütterung der etablierten Rechtswissenschaft prägt das intellektuelle Klima des »legal scholarship« in den USA bis heute. Die als wissenschaftlich geltende Befassung mit »doctrine« betrachtet rechtliche Phänomene aus der Sicht einer anderen Sozialwissenschaft.

§ 17

In einer – zugegeben: historisch etwas konstruierten – Zusammenschau mit der rechtsrealistischen Kritik lässt sich Hans Kelsens Version des Rechtspositivismus, die zeitgleich entwickelt wird, als Versuch verstehen, in der Auseinandersetzung mit dieser Kritik vom rechtlichen Wissen zu retten, was noch zu retten ist. Zu den Ideen, die es nach Kelsen zu bewahren gilt, gehören die Normativität des Rechts (im Gegensatz zu dessen Reduktion auf die »Verhaltensmuster« von Richtern) und dessen systematischer Charakter (im Gegensatz zum Bild vom Flickwerk der Gerichtsentscheidungen oder Gesetzgebungsakte).

Bedeutendes entfällt aber auch bei Kelsen. Mit den Realisten verbindet seine Theorie eine Familienähnlichkeit. Auch Kelsen versucht, die hinter dem formalistischen Brimborium steckende politische Ideologie aufzudecken. Das betrifft etwa die vorgeblich »unpolitische« und quasi herrschaftsfreie Natur des Privatrechts. Kelsen und der amerikanische Rechtsrealist Robert Hale können einander in dieser Hinsicht die Hand reichen. Auch wird, was der Formalismus wegen des Lückenlosigkeitsdogmas als wissenschaftliche Rechtsfindung ausgegeben hat, nun als politische Rechtsschöpfung rekonstruiert, die sich in einem Ermessensspielraum bewegt.

Dennoch will Kelsens Theorie eine »reine« Theorie des Rechts sein. Sie zielt darauf ab, das Rechtsdenken gegenüber der empirischen Sozialforschung und der moralischen Argumentation abzugrenzen. Der normativistische Tenor seiner Theorie schafft einen deutlichen Abstand zum Rechtsrealismus. Die sowohl kompatible als auch kritische Haltung gegenüber dem Rechtsrealismus spiegelt sich noch in den Schriften des bedeutenden britischen Rechtspositivisten H.L.A. Hart wider, dessen wichtigste Werke in den 1950er und 1960er Jahren erscheinen. Allerdings tritt dort die Kompatibilität nicht deutlich hervor, da Hart in seinem Werk nicht mit dem Erbe des kontinentaleuropäischen juristischen Formalismus zu ringen hatte.

§ 18

Die zweite Phase sieht zunächst den Rechtspositivismus an seinem glanzvollen Höhepunkt. Sein Erfolg dauert im angloamerikanischen Raum im Vermächtnis von Harts Theorie bis heute fort. Dieser Erfolg erklärt sich nicht zuletzt daraus, dass es Hart offenbar gelungen ist, Kelsens Ideen dem »gesunden Menschenverstand« zu vermitteln.

Diese Assimilation hat ihren Preis. Der Rechtspositivismus verliert seinen kritischen Biss und scheint plötzlich erhebliche Distanz zum Rechtsrealismus anzunehmen (siehe § 16). Er büßt seinen Fokus auf das Problem rechtlichen Wissens ein und degeneriert zu einer scholastischen Disziplin, die sich mit hausgemachten Problemen beschäftigt.

Die zweite Phase endet mit dem internen Zusammenbruch der rechtspositivistischen Position. Darum geht es im fünften Kapitel. Im Verhältnis zu den zwei unterschiedlichen Formaten des kritischen Rechtspositivismus treten zwei passende Formen der immanenten Kritik auf. Während diese im kontinentaleuropäischen Bereich schnurstracks in die Systemtheorie führt, resultiert sie im angloamerikanischen Raum produktiv in einer Art Renaissance einer Naturrechtslehre.

Der Zusammenbruch des Rechtspositivismus setzt schon früh ein, und zwar in den 1920er Jahren. Er ist zunächst manifest in den Arbeiten des *Enfant terrible* der Reinen Rechtslehre, Fritz Sander. Seine Analysen nehmen viel von dem vorweg, was sich später bei soziologischen Systemtheoretikern wie Niklas Luhmann und Gunther Teubner finden wird.

Die angloamerikanische Demontage des Rechtspositivismus wird dagegen im frühen Werk von Ronald Dworkin vollzogen. Sie ist ebenfalls bereits Jahrzehnte zuvor vorweggenommen worden, in diesem Fall in der institutionalistischen Rechtstheorie Carl Schmitts. Dieser selbst fand seine Inspiration in den Arbeiten des französischen Öffentlichrechtlers Maurice Hauriou. Die institutionalistische Denkweise antizipiert den Dworkin'schen Weg, auch wenn dieser sich rühmen darf, mit besonderem Nachdruck herausgestellt zu haben, dass das Recht »objektiver Geist« ist. Es ist eine Art, die Welt zu verstehen und sein Verhalten in ihr zu rechtfertigen, die ihre eigene Autorität in ihrem Vollzug reflektiert. Das sechste Kapitel ist dieser Denkweise gewidmet.

§ 19

Die dritte Phase, in welche die Rechtstheorie damit eintritt und in der sie sich noch heute befindet, lässt sich mit Fug und Recht als »nachpositivistisch« bezeichnen. In ihr geht es bloß noch um die Frage, welche Schlussfolgerung aus dem heroischen Scheitern des rechtspositivistischen Projekts zu ziehen ist.

Pikanterweise führt Dworkins Weg zu zentralen Überzeugungen des Formalismus zurück. Dworkin postuliert, dass es auf jede Rechtsfrage eine inhaltlich »richtige Antwort« gibt. Insofern beschwört er das goldene Zeitalter rechtlichen Wissens herauf, wenn auch mit größerer intellektueller Umsicht. Obwohl die Rechtsordnung wiederum als etwas Umfassendes und

Lückenloses verstanden wird, entfällt die Trennung von Recht und Moral.

Wenn der Formalismus in anderer Gestalt wiederauflebt, lässt die realistische Kritik nicht lange auf sich warten. Das siebente Kapitel ist dieser Kritik gewidmet, die unter dem Banner der »Critical Legal Studies« wiederkehrt. Abgesehen von »Law and Economics« waren die »Crits« die bedeutendste rechtstheoretische Strömung des ausgehenden zwanzigsten Jahrhunderts. Dem Glauben an eine moralisch argumentierbare richtige Antwort setzten ihre Vertreter ein antinomisches moralisches Bewusstsein entgegen, das sich unaufhebbar in widerstreitende altruistische und individualistische moralische Intuitionen entzweit. Am Ende werden alle inhaltlichen Richtigkeitsansprüche durch ein rhetorisches Maskenspiel ersetzt. Auch wenn in diesem Zusammenhang vielfach die »Dekonstruktion« beschworen wird, überwiegt die romantische Ironie, zumal sich alles rechtliche Wissen ins freie Spiel des kunstfertigen Argumentierens auflöst. Was bleibt, ist die fundamentale Unbestimmtheit.

§ 20

Die nachpositivistische Situation ist in der Rechtstheorie der Gegenwart alles andere als bewältigt.

Die Ironie, mit der die Critical Legal Studies den Ernst des rechtlichen Wissens zurückweisen, indiziert, dass sich in ihrem Ansatz ein zentrales Element des Rechtspositivismus erhalten hat, nämlich die Distanz vom Gegenstand. Sie ist der Schlüssel zur Entwicklung einer nachpositivistischen Theorie rechtlichen Wissens. Ihre Relevanz ist radikaler zu fassen, als es der Positivismus je vermochte. Zu begreifen ist nämlich, dass die Distanz *zum* Gegenstand *im* Gegenstand selbst liegt.

Dies lässt sich einsehen, indem man das Recht als ein bestimmtes Verhältnis zwischen Menschen fasst. Im achten Kapitel schließt das Buch mit Überlegungen zu diesem Thema. Der Rest dieses Kapitels bereitet sie vor.

§ 21

Eine Beziehung ist eine Rechtsbeziehung, wenn Menschen vom unmittelbaren moralischen Fordern ablassen und sich gegenseitig darauf zurückziehen, die Ansprüche anderer begrenzt gelten zu lassen. Sie schreiben einander solcherart Rechte zu. Aus dem »Vernünftigerweise musst du« wird damit ein »Du sollst, weil ich es will«. So wird aus dem »Man soll gottgefällig leben« ein »Du sollst meinen gottgefälligen Lebensstil respektieren«.

Die Form der Rechtsbeziehung ist bezeichnet mit dem Zurückweichen vor bloß relativ zwingenden Gründen. Was dir zwingend erscheint, zwingt mich nicht, dir zuzustimmen. Vielmehr *erscheint* mir, was dich zwingt, als deine Entscheidung. Was du musst, muss mir, weil es mich nicht zwingt, als deine Wahl gelten. Es gilt mir als Wahl, weil in deinem Müssen für mich nichts Zwingendes liegt.

Deswegen erweitert sich der Raum, in dem wir zurückweichen vor dem, was anderen zwingend erscheint, intersubjektiv von innen zum Raum des Beliebigen. Er tritt sozial als Spielraum auf, in dem die freie Willkür waltet.

Der Andere: »Du hast so entschieden. Na gut.«

§ 22

Damit geht eine bemerkenswerte Verwandlung des praktischen Vernunftanspruchs einher. In meinem Wollen begegnet dir die Vernunft eines anderen Ich.

Ich will ein Auto mit 560 PS. Du hältst diesen Wunsch für unsinnig. Aber du respektierst, dass vernünftige Wesen Wünsche haben können, die du für blöd hältst. Die betreffenden Personen scheiden deswegen nicht aus dem Kreis dieser Wesen aus.

Deine Gründe, meine für dich schlechten Gründe zu respektieren, sind gute Gründe. Denn vermöge dieses Respekts können wir uns vertragen. Ich gelte für dich immer noch als ein »Ich« und insofern als ein zum Vernunftgebrauch fähiges Wesen.

§ 23

Man kann den Sachverhalt auch so ausdrücken, dass sich zwischen dir und mir eine hermeneutische Kluft auftut. Was mir einleuchtet, ist dir befremdlich. Ich bin grau, du bist grün. Ich ticke anders als du.

Leserin (zum Autor): »Könnten Sie mir erklären, was man unter ›hermeneutisch‹ versteht?«

Autor (räuspert sich): »Aber sicher! ›Hermeneutisch‹ sind Anstrengungen, Zeichen, Äußerungen, Denkarten oder Verhaltensweisen, die man zunächst nicht begreift, durch eine Interpretation zu verstehen.«

Du verstehst aber auch, dass das, was ich denke, wenigstens solange du mich als einen Gleichen anerkennst, Ausdruck deiner eigenen Vernunft sein *könnte*. Du müsstest bloß ein anderer sein. In meinem Denken begegnet dir deine eigene praktische Vernunft in anderer Gestalt. Die Werte haben ein unterschiedliches Gewicht. Die Relevanzen sind verschieden. Das wirkt sich darauf aus, was jeweils als begründet gilt.

Es handelt sich, um den Ausdruck von Michael Theunissen aufzugreifen, um eine *veranderte* Vernunft. Die Begegnung damit ist ein Anzeichen einer hermeneutischen Kluft.

Die Gegenseitigkeit der Moral erfordert es, dass du dich selbst als ein verandertes Ich unter anderen betrachtest. Im Verhältnis zu anderen bist du der andere deiner selbst.

§ 24

Die hermeneutische Kluft ist keine rein *inter*personale Angelegenheit. Sie ist auch *intra*personal anzutreffen. Ich verharre in Routinen, ohne diese zu verstehen. Ich schaffe Bücher an, obwohl ich wissen müsste, dass ich sie nie werde lesen können. Mein Verhalten erscheint sinnlos. Ich ziehe das Opernhören dem Squashspielen vor. Dafür gibt es keinen guten Grund, außer den, dass ich zu dem geworden bin, der ich bin. Aber damit werde ich mir noch nicht erklärlich.

In mir ragt eine hermeneutische Kluft. Ich verstehe mich selbst nicht.

Aber das macht mir nichts aus. Mitunter komme ich mit mir selbst besser zurecht, wenn ich über mein Verhalten nicht tiefsinnig werde. Mein Selbstverhältnis ist dann eben ein Rechtsverhältnis.

§ 25

Er: »Welches Foto sollen wir für die Einladung nehmen? Das mit oder ohne Himmel?«
Sie: »Ist mir egal.«
Er: »Aber Sie müssen eine Auswahl treffen.«
Sie: »Dann nehmen wir das ohne Himmel.«
Er: »Ist das nicht zu düster?«
Sie: »Dann nehmen wir das mit Himmel.«

Mitunter herrscht in uns eine tiefe hermeneutische Leere.

§ 26

Für dich ist mein Eigentum am 560-PS-Auto eine Torheit. Die Torheit ist eine doppelte. Zu meiner eigenen Frivolität gesellt sich deren Approbation durch die Gesetzgebung. Zwischen dir und der Gesetzgebung öffnet sich somit ebenfalls eine hermeneutische Kluft.

Was nicht zwingend und dennoch maßgeblich ist, ist bloß gesetzt. Rechtsnormen sind etwas Historisches. Sie sind ontologisch von der gleichen Würde wie Konventionen, Traditionen oder Mentalitäten. Wir respektieren sie, weil wir uns an etwas halten müssen, das uns auch Halt zu geben verspricht.

§ 27

Damit gelangen wir zum schwierigsten Punkt.

Leserin: »Jetzt macht er mir Angst.«

Das Recht ermöglicht die veranderte Vernunft und ist selbst deren Produkt. *Deswegen* gelangt das rechtliche Wissen in der Form von Quellen in diese Welt.

Um dies zu begreifen, muss man sich vor Augen halten, dass der Respekt vor Entscheidungen – der Ausübung von Willkürfreiheit – die hermeneutische Kluft überbrückt, ohne sie zu schließen.

§ 28

Politikerin: »In der Schule darf es kein Kopftuch geben.«

Denker: »Das ergibt sich zwingend aus dem Prinzip der Laizität.«

Lehrerin: »Die Politik will also, dass niemand ein Kopftuch trägt. *(Sie holt tief Luft und atmet lange aus).* Na gut. Aber wenn es wirklich um die Unterdrückung jeglicher religiösen Symbolik geht, müsste auch jedes andere Symbol, das als Glaubensbekenntnis gedeutet werden könnte, aus der Schule verbannt werden. Fein. Und wir dürfen's auslöffeln.«

Die hermeneutische Kluft wird durch eine Verstehensanstrengung überbrückt. Diese Anstrengung lässt die veranderte Vernunft gelten und behandelt sie als Vernunft.

Zunächst begegnet dem Verstehen die Kluft aber in der *Form* des Etwas-als-Entscheidung-Sehens.

§ 29

Wir *wollen* etwas, wenn wir uns zu einem Mittel machen, einen Zweck zu verwirklichen. Weil ich mir eine Klimaanlage wünsche, nehme ich mit einer Klimatechnikfirma Kontakt auf. In dem Gespräch mit deren Vertreter wird mir klar, dass sich mein Wunsch realisieren lässt. Ein paar Tage darauf unterschreibe ich einen Vertrag. Ich habe mich durch die vertragliche Bindung zu einem Mittel *gemacht*, den Zweck zu realisieren.

Mein Wollen ist Ausfluss eines langen Überlegungsprozesses, an dessen Ende ich mir Klarheit verschafft habe. Mein Denken und Überlegen sind nahtlos ins Wollen übergegangen.

§ 30

Aber das will mir bloß so scheinen, weil ich mich von meinen Wünschen nicht langwierig distanziert und jegliche Gewissenserforschung unterlassen habe. Wenn ich meinen Wunsch vor dem Hintergrund anderer betrachtet und abgewogen hätte, was mir wirklich wichtig gewesen wäre, hätte sich mein Wollen als eine Entscheidung ausgenommen, insbesondere dann, wenn Wünsche auf dem Spiel gestanden wären, die sich nicht miteinander vergleichen hätten lassen. Ich hätte mich für die Klimaanlage und gegen ein Theologiestudium entscheiden können.

Leserin: »Wow!«

Autor: »Das ist nur ein hypothetisches Beispiel. In Wahrheit war die Entscheidung dramatischer: zwischen Klimaanlage und 560 PS.«

Eine Entscheidung steht am Schluss einer Überlegung. Sie hebt diese aber auch auf. Sie emanzipiert vom Grübeln. Durch die Formulierung eines Imperativs weist sie uns an, vorwärts zu gehen. Wenn wir zurückblicken, entdecken wir oft eine hermeneutische Kluft und fragen uns: »Warum eigentlich?«

Aber wir brauchen eine Entscheidung, um *wissen* zu können, was wir tun sollen.

§ 31

Rechtsquellen sind Formen rechtlichen Wissens. Deswegen enthalten sie eine Entscheidung.

Im Fall des *Gewohnheitsrechts* ist der Wissensanspruch der Rechtsquelle besonders deutlich. Seiner Form nach basiert es auf den Elementen von faktischer Übung einerseits und Rechtsüberzeugung andererseits. Das wiederholte Befolgen von Regeln oder die wiederholte Reaktion auf ein Tun werden von den Beteiligten als rechtlich gefordert *gewusst*.

Dieses Wissen ist intuitiv. Es *erscheint* aus zweitpersonaler Sicht als eine Entscheidung, weil es auf einer grundlosen Rechtsansicht beruht. Gründe, die nicht zwingend sind oder gar undurchsichtig bleiben, begründen bestenfalls Entscheidungen.

Die Anerkennung des Entscheidens überbrückt die unheimliche hermeneutische Kluft, die sich im Gewohnheitsrecht selbst auftut. Indem wir das Gewohnheitsrecht als Rechtsquelle anerkennen, wissen wir, dass die Beteiligten »wissen«. Mit dem Erkennen von Gewohnheitsrecht anerkennen wir *als Entscheidung*, was sie als *Wissen* verstehen.

Meine Entscheidung für die Klimaanlage ist »logisch«. Sie ist es, solange ich nicht aus mir heraustrete. Wenn ich sie vor dem Hintergrund meines Lebens insgesamt betrachte und dem Versäumnis des Theologiestudiums gegenüberstelle, beruht sie auf der Emanzipation vom Überlegen.

§ 32

Kind: »Ich weiß, dass ich ein Eis haben muss, weil ich ein so starkes Verlangen danach habe.«
Mutter: »Du drückst dich aber kompliziert aus! Sag doch einfach, dass du es willst.«

§ 33

Die Rechtswissenschaft ist eine Rechtsquelle. Das ist ihr schwer beizubringen. Aber der Widerstand gegen die Wahrheit tut der Wahrheit keinen Abbruch.

Die Rechtswissenschaft bereitet das Recht für die Anwendung im Einzelfall auf. Sie ist mit der Aufgabe konfrontiert, angesichts einer Summe von Normen eine Verallgemeinerung durchzuführen. Sie hat nämlich die Umstände zu bestimmen, unter denen es angemessen ist, diese oder jene Norm auf einen Sachverhalt anzuwenden.

Um dies leisten zu können, entwickelt die Rechtswissenschaft ein raffiniertes begriffliches Instrumentarium. Es dient dazu, sachverhaltsrelevante signifikante Unterschiede zwischen Normen zu bezeichnen.

Wissender: »Die Fälle einer Haftung für eine positive Vertragsverletzung unterscheiden sich von Fällen der Gewährleistung wie folgt ...«

Die Rechtswissenschaft vermittelt rechtliches Wissen. Sie ist aber auch eine Quelle des Rechts. Sie ist es insofern, als ihr Wissen ein Produkt von Denkweisen und begrifflichen Vorentscheidungen ist, die nicht dem Rechtsstoff selbst entstammen. Beide sind notwendig, weil im Prozess der Rechtsanwendung so gut wie stets mehrere gesetzliche Bestimmungen miteinander in Beziehung zu setzen oder Gesetzesbegriffe (wie »fahrlässig«) näher zu bestimmen sind. Durch diese voraussetzungsvolle Analyse des Rechtsstoffs wird dieser auch verwandelt. Die Normen werden neu konstruiert und analytischen Rastern integriert, welche der Falllösung eine Struktur verleihen. Solche Konstruktionen sind unumgänglich, um den Rechtsstoff formal realisierbar zu machen.

In diesem Zusammenhang verfährt das rechtliche Wissen »dogmatisch«. Das Rad wird nicht neu erfunden. Es arbeitet mit dem, was den Eindruck erweckt, sich bewährt zu haben. Das von der Rechtsdogmatik konstruierte Recht wächst geschichtlich, ohne zwingend zu sein. Es beruht auf Entscheidungen.

In diesen Entscheidungen manifestiert sich der Wille, das Recht zu bestimmen. Das Subjekt dieses Wollens ist, wie eingangs skizziert, das Recht. Als Rechtsquelle ist die Rechtswissenschaft das Subjekt rechtlichen Wissens. Sie ist objektiv in einem soziologischen Sinn.

Der kritische Sinn des Objektivitätsanspruchs ist damit freilich noch nicht aufgeklärt.

§ 34

Was »weiß« die Gesetzgebung? Stößt in ihrem Fall das Modell nicht an seine Grenze?

Die Gesetzgebung glaubt jedenfalls zu wissen, wie man das Recht besser macht. Nur wird das von der Opposition bestritten. Aus deren Sicht muss sich dieses Wissen daher als eine Entscheidung darstellen. Natürlich ist manche Gesetzgebung bloß die systematische Zusammenfassung von Rechtsprechung. Der Bezug zum Wissen ist dann durchsichtiger.

Eine Rechtsquelle ist eine Form rechtlichen Wissens, in der uns dieses als eine Entscheidung gegenübertritt. Die Entscheidung indiziert eine hermeneutische Kluft.

§ 35

Wegen der rechtswissenschaftlichen Finalisierung des rechtlichen Wissens auf den Einzelfall lassen sich Rechtsquellen in eine Sequenz bringen, in deren Durchgang das Recht immer besser gewusst wird.

Das Gewohnheitsrecht ist mit viel Unsicherheit belastet. Wie viel Praxis bedarf es und durch wen? Wer muss überzeugt sein? Wie ist die Praxis in eine Regel zu fassen? Die Gesetzgebung absorbiert diese Unsicherheit, indem sie auf klaren Entscheidungsregeln basiert und die Norm explizit setzt. Die Gesetze wenden sich nicht von selbst an. Die letzte Stufe der Klärung rechtlichen Wissens wird mit der Rechtswissenschaft erreicht. Deren Leistung ist nicht zuletzt durch Gewohnheiten vermittelt.

Man muss nicht das Gewohnheitsrecht an den Anfang stellen. Es reicht das Wissen, dass die Verfassung gilt. Allerdings stellt sich dieses Wissen als eine Entscheidung dar.

§ 36

In der Rechtswissenschaft begegnet uns die Subjektivität des Rechts. Da aber das Recht durch rechtliches Wissen vermittelt ist, objektiviert es sich im Medium dieser Subjektivität. Es tritt aus ihr heraus, indem es gleichzeitig in ihr wirkt.

Die Rechtswissenschaft ist etwas Geschichtliches. Auch sie beruht auf Entscheidungen, die uns etwas wissen lassen.

Wie lässt sich vor diesem Hintergrund die Objektivität rechtlichen Wissens in einem kritischen Verstand noch denken? Ist der historischen Kontingenz überhaupt noch eine Richtung zu weisen?

Das rechtliche Wissen muss dem Rechtsverhältnis gemäß sein. Dieses ist eine Beziehung von »abstrakten« Personen. Sie treten einander gegenüber, ohne ihre Geschichte oder ihre Überzeugungen offenbaren zu müssen. Ihnen ist gemeinsam, füreinander ganz leere Personen zu sein. Aber sie sind gleich. Wegen dieser zentralen Bedeutung der Rechtsgleichheit stellt das systematische Verfahren den kritischen Prüfstein objektiven rechtlichen Wissens dar. Die Systembildung ist unabdingbar. Ohne sie könnte aus einer Summe anwendbarer Normen nicht jene ausgewählt werden, die auf einen Falltypus passt. Ohne die Systembildung hätten wir bloß Intuitionismus.

Richterin: »Super, das passt!«

§ 37

Das bedeutet aber nicht, dass eine systematisch verfahrende Rechtswissenschaft dem Recht das moralisch beste Aussehen verleihen muss. Dem steht die ins Rechtsverhältnis eingebaute Legalität entgegen.

Legalität bedeutet die »äußere« Befolgung von Normen. Das legale Verhalten erfordert keine Identifikation mit deren Inhalt. Dies ist eine Konsequenz der hermeneutischen Kluft.

Die Legalität überträgt sich konsequent auf das Wissen, das zu wissen beansprucht, was Recht ist. Die am Leitfaden der Gleichbehandlung zu leistende Konstruktion des Rechts soll nicht auf einer Identifikation beruhen. Deswegen ist der Schlüssel zum Verständnis des kritischen Anspruchs des rechtlichen Wissens die heitere Ironie.

§ 38

Das Paradigma dieser Ironie ist die Werkinterpretation. Sie ist ein Fremdverstehen. Ein Interpret nimmt sich etwa das Werk eines großen Denkers vor. Oft handelt es sich dabei um Großdenker wie Kant oder Wittgenstein. Der Werkinterpret will demonstrieren, welche Herausforderungen sich dem Meister oder der Meisterin gestellt haben und wie er oder sie diese bewältigt hat. In diesem Interpretationsprozess wird viel Energie darauf verwendet, dem Werk ein beeindruckendes Aussehen zu geben.

Die Identifikation mit den Gedanken des Meisters oder der Meisterin darf aber ausbleiben. Letztlich behält sich der Interpret die Distanzierung vor. Die Möglichkeit der Distanzierung bleibt gewahrt. Es ist denkbar, dass der Interpret seine Deutung mit Bemerkungen abschließt, in denen er das Meister(innen)werk als Unsinn verwirft. Eine Haltung trifft man nicht zuletzt in den Interpretationen gefährlicher Denker an: »Unfassbar beeindruckend, aber es darf nicht wahr sein.«

§ 39

Wenn sich rechtliches Wissen selbst richtig verstünde, würde es sich offen zu dieser heiteren Ironie bekennen. Denn der darin liegende Unernst ist kein Fehler. Er ist sogar ernst. Denn er erinnert uns an die hermeneutische Kluft, die uns im Medium des Rechtsverhältnisses vom Recht und voneinander selbst trennt.

Die heitere Ironie ist Legalität auf der Ebene des Rechtsverstehens. Sie ist Ausdruck der Selbstüberschreitung der praktischen

Vernunft. Der auftretende ästhetische Schein ist keine Defizienz, sondern Ausdruck einer spielerischen Vollendung des Normativen, die ihm das Drückende nimmt.

2. Milder und wilder Formalismus

§ 40

Was bedeutet in einem juristischen Kontext »Formalismus«?

In einem historisch spezifischen Sinn lässt sich dieser Begriff mit einer am Ende des neunzehnten Jahrhunderts verbreiteten Vorstellung verbinden. Dieser steht zunächst ein bestimmter Rechtsinhalt vor Augen. Es handelt sich um Normen, die es ermöglichen, dass in den geordneten Bahnen von Rechtsbeziehungen, wie man es im 19. Jahrhundert ausdrückte, die »freie Willkür« herrscht. Nach formalistischer Auffassung besteht das Recht im Wesentlichen aus Formen der freiwilligen Rechtsetzung und aus Haftungsregeln. Durch den Gebrauch dieser Formen können die Rechtssubjekte innerhalb bestimmter Grenzen verbindlich regeln, was sie wollen; durch Haftungsregeln erlangen sie Kompensation für erlittenen Schaden.

Die paradigmatische Form des freiwilligen Verbindlichmachens ist der Vertrag. Er lässt sich für eine Vielzahl von Zwecken heranziehen. Aus formalistischer Sicht darf das rechtliche Wissen diese Zwecke nicht moralisch bewerten. Ob ein Vermieter seine Rechte gegenüber seinem Mieter in fairer Weise ausübt, ist solange rechtlich unerheblich, als er lediglich von seinen Befugnissen aufgrund und gemäß einer gültigen vertraglichen Vereinbarung Gebrauch macht.

Das Recht ermöglicht die Verfolgung von Interessen und ermächtigt zur Ausübung von Willkür (oder erlaubt diese). Anwendungsfragen sind unter Rekurs auf diese Wesensbestimmung des Rechts zu klären.

Deswegen begegnet man dem Formalismus im Rechtsdenken in der Form einer scharfen Grenzziehung zwischen dem juristischen Denken einerseits und dem moralisch aufgeschlossenen Abwägen von Interessen oder Werten andererseits. Formalisten glauben daran, dass sich Rechtsfragen »wertfrei« entscheiden lassen. Die Wertentscheidungen werden von Privatpersonen oder politischen Staatsorganen getroffen und in rechtliche Formen gegossen.

Das rechtliche Wissen hat die rechtserzeugende Kraft des Gebrauchs dieser Formen zu respektieren.

§ 41

Formalisten übersetzen die Erwartung, welche willkürfreie Individuen dem Recht entgegenbringen, in eine Erwartung an dessen sprachliche Gestalt. Das Recht soll sich kalkulieren lassen. Es soll so sicher wie das Amen im Gebet sein.

Die Sicherheit der Anwendung wird unter anderem durch eine präzise inhaltliche Bestimmung vermittelt. Deswegen bevorzugen Formalisten rechtliche Regeln, die an Tatbestände anknüpfen, die sich empirisch beschreiben lassen und keine Deutung von Fakten erfordern (z.B. »Was ist in dem Angeklagten vorgegangen«?). Sie deuten undeutliche Sprache als eine implizite Etablierung von Deutungshoheit.

Zögling: »Ist nicht die Regel, wonach ein Vertrag nicht gegen ›die guten Sitten‹ verstoßen dürfe, nichtssagend?«

Wissender: »Keineswegs; sie bedeutet im Klartext, dass die Gerichte dazu ermächtigt werden, einen solchen Verstoß zu bestimmen.«

Die Präferenz für Klarheit reflektiert sich auch in einer bestimmten Erwartung an die Sprache. Stanley Fish hat sie dahingehend charakterisiert, dass aus der Sicht der Formalisten das Recht selbst eine »formale Existenz« anzunehmen wünsche. Das Recht strebe danach, »selbständig« und »selbstverständlich« auszusehen. Das Moralisieren und das Interpretieren gefährden eine solche Existenz. Sie drohen die vermeintliche Dauerhaftigkeit und Allgemeingültigkeit des Rechts zunichtezumachen. In Fishs Worten (161):

> Formalism is the thesis that it is possible to put down marks so self-sufficiently perspicuous that they repel interpretation; it is the thesis that one can write sentences of such precision and simplicity that their meanings leap off the page in a way no one – no matter what his or her situation or point of view – can ignore; it is the thesis that one can devise procedures that are self-executing in the sense that their unfolding is independent of the differences between the agents who might set them in motion. In the presence (in the strong Derridean sense) of such a mark or sentence or procedure, the interpretive will is stopped short and is obliged to press its claims within the constraints provided by that which it cannot override. It must take the marks into account; it must respect the self-declaring reasons; it must follow the route laid down by the implacable procedures, and if it then wins it will have done duly, with justice, with reason. (Stanley Fish, »The Law Wishes to Have a Formal Existence«, in: *There's No Such Thing as Free Speech*, New York/Oxford 1994, 141–179, hier 142–143.)

Fish vertritt diese These nicht. Er versucht in seiner Arbeit vielmehr aufzuzeigen, dass der Eindeutigkeitseindruck lediglich durch Mittel erzeugt werden kann, welche eine vorgängige Uneindeutigkeit verleugnen. So kann der Eindruck von Klarheit vertraglicher Sprache nur durch eine Interpretation hervorgerufen werden, die implizit und stillschweigend die moralischen Überzeugungen der Adressaten anspricht. Es ist das rhetorische Geschick des »Formalismus«, die nichtformalen Mittel, mittels welchen das Recht eine formale Existenz erhält, zu unterdrücken (beispielsweise durch den Hinweis auf eine »offensichtliche Wortbedeutung«).

§ 42

Mit dem Formalismus assoziiert man aber vor allem einen deduktiven Denkstil, der von seinen Kritikern als »Begriffsjurisprudenz« verunglimpft worden ist.

Die Grundidee der »Begriffsjurisprudenz« ist so einfach wie bestechend. Spezielle Rechtsphänomene basieren auf Rechtsphänomenen von größerer Allgemeinheit. Zur Ausdeutung spezieller Phänomene rekurriert man auf eine vergleichsweise allgemeinere Ebene. Auf dieser findet man eine Antwort.

Zögling: »Kann ein Vertragsangebot dadurch angenommen werden, dass man die vorgeschlagene Gegenleistung erbringt?«

Wissender: »Die Frage lässt sich nur beantworten, indem man sich vor Augen hält, was die Annahme eines Angebotes rechtlich ist.«

Zögling: »Im Regelfall erfolgt eine Annahme durch eine Willenserklärung?«

Wissender: »Natürlich. Was aber ist die Ausführung der Leistung?«

Zögling: »Eine Willensbetätigung?«

Wissender: »Also stellt sich die Frage ...«

Zögling: »Kann ein Vertragsangebot durch eine Willensbetätigung angenommen werden?«

Wissender: »Was müssen wir wissen, um diese Frage beantworten zu können?«

Zögling: »Wir müssen wissen, was ein Vertrag ist.«

Wissender: »Und was ist ein Vertrag?«

Zögling: »Ein Vertrag ist ein aus zwei Rechtsgeschäften gebildetes Rechtsgeschäft.«

Wissender: »Ist eine Willenserklärung ein Rechtsgeschäft?«

Zögling: »Ja.«

Wissender: »Ist eine Willensbetätigung ein Rechtsgeschäft?«

Zögling: »Hm ...«

Wissender: »Das muss schneller gehen!«

Wenn durch den Rekurs auf die allgemeinere Ebene Probleme gelöst werden sollen, für die keine besonderen Regeln zur Verfügung stehen, dann fragt sich, woher die allgemeinere Ebene ihren vergleichsweisen Bedeutungsüberschuss erhält. Wieso sollte also durch die Analyse des Begriffs des Rechtsgeschäfts etwas herausgefunden werden können, das noch nicht in den Regeln für besondere Rechtsgeschäfte enthalten war? An dieser Frage entzündete sich die Kritik des Formalismus seitens Vertretern der Freirechtsbewegung. Sie wollten die vorgebliche Entdeckung des Überschusses an Bedeutung, der im Allgemeinen steckt, der Anwendung eines intellektuellen Tricks überführen, den sie als »Inversionsmethode« bezeichneten. Anstatt das Besondere zum Allgemeinen zu kondensieren, werde das Besondere aus dem Allgemeinen hervorgezaubert.

§ 43

Ob diese Kritik wirklich das Herz der Sache trifft, hängt davon ab, ob man die begriffliche Systematisierung als dem Recht fremd erachtet. Dies dürfte in der Tat die Position der Freirechtsbewegung gewesen sein. Es gebe bloß das Gesetz. Was sich unter dessen Wortlaut nicht subsumieren lasse, indiziere eine Lücke. Im Lückenbereich herrsche »freie« Rechtsfindung. Damit sei die Moral am Wort.

Demgegenüber ist festzuhalten, dass an sich nichts Skandalöses geschieht, wenn durch eine Begriffsbildung ein Bedeutungselement identifiziert wird, das bei mehreren Phänomenen auftritt. Wie Immanuel Kant in seinen Vorlesungen über Logik hervorgehoben hat, wird durch Vergleichen und Reflektieren jenes Gemeinsame entdeckt, das vermöge eines Begriffs aus den Phänomenen heraus abstrahiert wird. Es ist daher nicht weiter verwunderlich, dass durch die Begriffsbildung etwas Neues hervorkommt. Ob man also die produktive Kraft des Denkens als dem Recht fremd oder diesem immanent ansieht, ist die Frage, an der sich Begriffsjurisprudenz und Freirechtsbewegung voneinander abscheiden.

§ 44

Den Formalismus in dem skizzierten Verstande gab es nicht nur auf dem europäischen Kontinent, wobei er im deutschen Sprachraum eng mit der sogenannten Pandektenwissenschaft (dem Studium des Römischen Rechts im neunzehnten Jahrhundert) verwoben war; es gab ihn auch in den Vereinigten Staaten, wo man ihn vor allem mit dem Namen von Christopher Columbus Langdell verbindet.

Langdell zog im Unterricht Präzedenzfälle heran, um Anschauungsmaterial für die Relevanz von begrifflichen Unterscheidungen sowie Regeln und Prinzipien zu haben. Worum es ihm eigentlich ging, waren aber nicht die Gerichtsentscheidungen, sondern das in ihnen manifeste System von Normen und klassifikatorischen Begriffen. Er verfuhr damit nicht so anders als seine Kollegen in Deutschland, die versuchten, aus den in den Quellen überlieferten kurzen Gutachten römischer Juristen das System des römischen Privatrechts zu rekonstruieren.

§ 45

Formalisten gehen davon aus, dass der Rechtsstoff (also Präjudizien, verbindliche Rechtsmeinungen, Gewohnheitsrecht oder Gesetze) die Basis für die systematische Entwicklung der Rechtsbegriffe abgibt. Diese Begriffe gestatten es, die normative Bedeutung des Rechtsstoffs präzise zu erfassen (z.B.: »Die Auslobung ist ein einseitiges Rechtsgeschäft, sie hat also Bindungswirkung.«) und auf Beschreibungen von Tatsachen zu beziehen (z.B.: »Geben die Worte und Umstände der Äußerung zu erkennen, dass die Person sich wirklich binden wollte?«). Vermöge des Systems von Rechtsbegriffen wird das Recht deutlicher gefasst, als es in Gesetzen ausgedrückt ist. Daher lässt es sich auch verlässlicher anwenden.

Die Rechtsbegriffe dienen also der Erfassung von Rechtsregeln und Rechtsprinzipien. Die Letzteren sind Grundsätze von größerer Allgemeinheit, wie etwa der Grundsatz der Verschuldenshaftung. Auf Prinzipien ist zu rekurrieren, damit der Anwendungsbereich von Regeln kalibriert werden kann.

Zögling: »Fahrlässig handelt, wer die nötige Sorgfalt außer Acht lässt.«

Wissender: »Worauf kommt es für die Anwendung des Fahrlässigkeitsstandards denn an? Darauf, was die individuelle Person vermag, oder darauf, was man gemeinhin von einer kompetenten Person erwarten darf?«

Zögling: »Das ist nicht leicht herauszufinden, aber eine Antwort werden wir wohl nur finden, wenn wir das Verschuldensprinzip konsultieren.«

Wissender: »Gut. Aber was schulden wir denn? Schulden wir das Sorgfältigsein gemessen an unserem subjektiven Standard oder sind wir es den anderen schuldig, dem Vorbild eines typischerweise sorgfältigen Menschen nachzueifern?«

Zögling: »Die erste Alternative würde das Recht dem Zufall überlassen. Das kann nicht sein. Also erfordert das Verschuldensprinzip die Anwendung eines objektiven Standards.«

Formalisten erachten es für wünschenswert, zum Allgemeinen vorzudringen, um die Formen oder Prinzipien sichtbar zu machen, die vielen Rechtsinstituten zugrunde liegen.

Wissender: »Was haben der Staat, eine GmbH und ein Verein gemeinsam?«

Zögling: »Sie sind juristische Personen.«

Der Rechtsstoff soll auf diese Art besser durchdrungen werden.

§ 46

Die Sublimierung des Rechtsstoffs ins Prinzipielle und dessen systematische begriffliche Klassifikation dienen einem praktischen Zweck. Er besteht darin, das Recht in jedem Einzelfall einer willkürlichen Festlegung zu entziehen und rational einsehbar zu machen.

Das Rechtssystem, das Formalisten vorschwebt, ist umfassend. Es kann nicht in einem bestimmten Fall sagen, die Sache lasse sich nicht entscheiden.

Richterin: »Geht doch weg! Ich kenne mich nicht aus und will mich auch nicht auskennen!«

Auch wenn die Auskunft an die rechtsuchende Partei lautet, dass es das Recht, das sie sucht, nicht gibt, hat das Rechtssystem wenigstens diese negative Antwort parat.

Das Rechtssystem ist aber auch vollständig und lückenlos, insofern die Antwort nicht erst von einem rechtsanwendenden Organ erfunden werden muss. Die Antwort lässt sich aus dem System ableiten. Diese Antwort ist aber auch eindeutig. Es ist nicht möglich, dass es mehrere richtige Antworten geben kann. Es kann nur *eine richtige Antwort* geben.

Die begriffliche Klassifikation, die Herstellung einer »logischen« Abstammungsbeziehung zwischen Prinzipien und Regeln, das Abstellen auf äußere Tatbestände und das Unterlassen von moralischen Bewertungen dienen der besseren Realisierbarkeit des Rechts. Der Formalismus zielt darauf ab, den »Lebensinteressen« zu dienen, und entspringt ganz und gar nicht dem intellektuellen Spieltrieb weltfremder Wissenschaftler.

§ 47

In der deutschsprachigen Tradition stellt sich der Formalismus in die Tradition der *scientia iuris*, die man für antiken Ursprungs erachtet. Der Rechtsstoff entstammt antiken Quellen, in denen er sich gedanklich vorverarbeitet findet, oder zeitgenössischen Gesetzen.

Im Bereich des Common Law ist die Quellenlage anders. Das Common Law manifestiert sich in Präzedenzfällen. Der Formalismus gerät hier wegen seiner Zirkularität in eine Zwickmühle.

> Präjudizien sind verbindlich, wenn sie auf Rechtsprinzipien gestützt sind.
>
> Rechtsprinzipien sind verbindlich, wenn sie auf Präjudizien gestützt sind.

Einen Ausweg aus diesem Zirkel bietet das Prinzip des *stare decisis*. Es erhebt Gerichtsentscheidungen zu Rechtsquellen. Jede Entscheidung, die einen neuen Gedanken einführt, muss beachtet werden. Die Kehrseite dieses Prinzips ist, dass es Gerichte dazu ermächtigt, die empirische Basis des Systems durch die Einführung von Neuem zu ändern. Es ist schwer möglich, Gerichtsentscheidungen deswegen zu ignorieren, weil sie das Recht falsch angewendet haben. Denn Entscheidungen sind als Entscheidungen stets der Ursprung von neuem verbindlichen Recht.

Schon deswegen muss das formalistische Projekt im Kontext des Common Law fragwürdig erscheinen. Die Autorität systematischen rechtlichen Wissens im Verhältnis zur Rechtsprechung lässt sich nicht aufrechterhalten.

§ 48

Im kontinentaleuropäischen Bereich gibt es aber auch einen Störenfried: »den« Gesetzgeber.

Strafrechtlich verantwortlich ist man für das eigene Verhalten oder das Verhalten anderer, das man unterstützt oder verantwortet hat. So sehen dies die modernen Systeme des Strafrechts. Ein Unternehmensstrafrecht passt da nicht hinein. Eine strafrechtliche Verantwortung seitens der Unternehmensführung für Delikte, die von Angestellten begangen werden und von den Führungskräften nicht vorhergesehen und verhindert werden können, wäre absolut »systemwidrig«.

Der Aufschrei über systemwidrige Gesetzgebung ist aber nicht bloß eine eitle rechtspolitische Kompetenzbehauptung seitens der juristischen Elite. An ihm kommt zum Vorschein, dass das Recht in seinem systematisierten Zustand als ein *höheres Recht* im Vergleich zum einfachen Recht auftritt. Der Grund liegt in dem Versprechen, dass durch das Recht insgesamt verschiedene Prinzipien in einen verständlichen Zusammenhang gebracht werden (»Unter diesen Umständen Gewährleistung, unter jenen Schadenersatz«). Das Recht kombiniert Prinzipien zu einem ausgewogenen Schema. Das systematisierte Recht verspricht, dass die Normen angemessen auf Sachverhalte angewendet werden und damit Gleichbehandlung verbürgen.

§ 49

Die Eigenschaft des systematisch ausgelegten Rechtsstoffs, höheres Recht im Verhältnis zu einzelnen Regeln zu sein, weist den Weg zu jenem Formalismus, der »wild« aussehen mag, obwohl er es nicht ist. Er wurde von seinem Proponenten, Rudolf von Jhering, in dessen Frühwerk so überschwänglich präsentiert, dass er verrückt anmuten mag. In der Tat meint der frühe Jhering, das Recht werde durch Systematisierung – durch »Analyse« und »Konzentration« – in einen »höheren Aggregatszustand« gebracht.

Im Kern ging es Jhering um die Isolierung kleinster rechtlich bedeutsamer Elemente, die er, um naturalistische Metaphern nie verlegen, als »juristische Körper« bezeichnete. Sie werden mittels Rechtsbegriffen bezeichnet.

Diese Körper sind entweder selbständig (»Rechtsinstitute«) oder unselbständig. Selbständig sind sie, wenn sie Rechtswirkungen entfalten; unselbständig, wenn sie das nicht alleine tun.

Wissender: »Gib mir ein Beispiel für einen selbständigen juristischen Körper!«

Zögling (stolz): »Ein Angebot ist ein selbständiger juristischer Körper, weil es den Anbietenden bindet.«

Wissender: »Und was wäre ein Bespiel für einen unselbständigen Körper?«

Zögling: »Die Bedingung ist ein Beispiel dafür. Sie kann ihre aufschiebende oder auflösende Wirkung nur entfalten, wenn sie eine Bedingung von etwas Bedungenem ist.«

Wissender: »Drück dich doch nicht so schwülstig aus!«

Zögling: »Eine Bedingung kann nur ein Teil einer Vereinbarung sein, aber keine selbständige Vereinbarung.«

Zur Verwandlung des Rechtsstoffs in Elemente bedarf es nach Jhering eines gewissen künstlerischen Ingeniums. Wenn sie einmal vollzogen worden ist, kann sich die juristische Analyse über die Niederungen der Gesetzesinterpretation erheben. Sie kann sich sogar darauf zurückziehen, die Modifikation der juristischen Körper durch menschliches Verhalten oder Ereignisse zu beobachten, als handelte es sich um natürliche Phänomene. Einer Subsumtion des Sachverhalts unter die Norm bedarf es nicht, zumal das Recht im Medium des juristischen Körpers seine vorschreibende Form abstreift. Es präsentiert sich, als verbinde es Ursache und Wirkung

(»Wenn eine Ehe zerrüttet ist, kann sie geschieden werden«). Vermöge des Gebrauchs des juristischen Körpers lassen sich die Rechtsfolgen dem Sachverhalt einfach ablesen.

Wissender: »Ein versichertes Haus brennt ab. Was bedeutet dies juristisch?«

Zögling: »Aufgrund des Brandes verwandelt sich der untergegangene Teil des Eigentums in einen Leistungsanspruch gegen die Versicherung.«

Wissender: »Wann geschieht dies?«

Zögling: »Innerhalb einer logischen Sekunde.«

Das auf seine juristischen Elementarteilchen reduzierte Recht enthält in den »Körpern« auch die Grammatik des Rechtslebens. Diese Grammatik gibt an, welche Elemente aus anderen hervorgehen und wie sich Elemente untereinander verknüpfen lassen.

Wissender: »Bist du käuflich zu erwerben?«

Zögling: »Nein, denn das Personsein lässt sich nicht mit einem Veräußerungsvertrag kombinieren.«

Wissender: »Der Verkauf der Person lässt sich juristisch nicht ausdrücken.«

In die Bildung der selbständigen Körper werden alle denkbaren Rechtsfolgen hineinverpackt. Über das Eigentumsrecht weiß man damit, dass es sich beliebig gebrauchen lässt, frei veräußert werden kann und im Fall der Beschädigung sich in einen Schadenersatzanspruch verwandelt. Mehrere Rechtsregeln werden zum Zweck der Konstruktion von Körpern »kondensiert«.

Durch den formalen Fokus auf das rechtliche Können und Dürfen stellt sich heraus, wie Verpflichtungen und Rechte durch das Verhalten von Parteien geschaffen, geändert und beseitigt werden. In Analogie zu Saussures Unterscheidung zwischen der Sprache als einem System von Regeln (langue) und als Praxis der Verständigung (parole) lässt sich sagen, dass das Recht in den Rechtsverhältnissen so verwirklicht ist, wie die Sprache (langue) im Sprechen (parole) und in Texten realisiert ist.

Die Welt durch die Linse der Elemente zu lesen erleichtert die Beurteilung von Rechtsfragen. Diese Leistung hat das rechtliche Wissen seit Jahrhunderten schon für uns erbracht. Jhering hat bloß in bilderreicher Sprache beschrieben, wie wir vorgehen, wenn wir ein Rechtsproblem analysieren. Wir gehen von einem Anfangszustand aus – einem juristischen Körper – und untersuchen, ob und inwiefern der Anfangszustand verändert worden ist.

Insofern sind wir bis heute Formalisten.

§ 50

Jherings Idee einer Transformation des Rechtsstoffs (der Imperative und Regeln) in juristische Körper hört sich dennoch befremdlich an. Die juristische Analyse von Sachverhalten als Beobachtung des Entstehens und Vergehens von »juristischen Körpern« erinnert zu sehr an die Naturwissenschaft. Im Gegensatz zu dieser beschäftigt sich die Rechtswissenschaft nicht mit Kausalerklärungen. Sie sagt, was getan werden soll oder was mit welcher rechtlichen Wirkung getan werden kann.

Die Rechtswissenschaft an die Wissenschaft in einem naturwissenschaftlichen Sinn zu assimilieren führt in die Irre. Aber das war mit der *scientia iuris* auch nie beabsichtigt. Sie sollte vielmehr immer jenen Stil bezeichnen, das Recht zu wissen, der dem Objekt des Wissens, dem Recht, angemessen ist. Das Wissen des Rechts soll sich mit dem Recht selbst vertragen. Und diese Angemessenheit und Verträglichkeit beruhen zu nicht geringem Teil darauf, dem Recht die leichte Anwendbarkeit auf Sachverhalte zu verschaffen.

Das wird deutlich, wenn man sich vor Augen führt, wie das rechtliche Wissen aussehen sollte, um dem Rechtsstaatsprinzip zu genügen.

Denker: »Das Recht muss allgemein sein.«

Unter dieser Prämisse ist es nicht abwegig, dem rechtlichen Wissen aufzutragen, aus Präjudizien induktiv allgemeine Regeln zu entwickeln. Solcherart lässt sich die Zufälligkeit der Abgrenzung von »holdings« (des sachlichen Anwendungsbereichs von Präjudizien) überwinden. Das dürfte auch Langdells Anliegen gewesen sein.

Denker: »Das Recht muss vorhersehbar und leicht anwendbar sein.«

Klar formulierte Regeln machen die Rechtsanwendung vorhersehbarer als solche Standards, deren Sinn dunkel bleibt. Die Klarheit der Sprache ist aber keine hinreichende Bedingung für die Klarheit des Rechts. Um die Vorhersehbarkeit des Rechts zu optimieren, muss eine Menge potenziell anwendbarer Regeln mit Blick auf potenziell relevante Sachverhalte aufeinander bezogen werden. Erst unter dieser Bedingung lässt sich sagen, welche Regel auf welchen Typ von Sachverhalt passt. Diese doppelte Relationierung von Regeln und Sachverhaltstypen ist durch ein System von begrifflichen Klassifikationen zu vermitteln. Durch ein solches System wird das, was im wirklichen Leben passiert, rechtlich entzifferbar. Die Entwicklung von komplexen begrifflichen Systemen gewährleistet die juristische Lesbarkeit der Welt. Diese Lesbarkeit ist eine Voraussetzung für die Anwendung der passenden Norm. Damit stellt sich so etwas wie die Vorhersehbarkeit des Rechts ein.

Denker: »Das Recht muss in seiner Anwendung gleich sein.«

Auch diesem Grundsatz wird durch die Systembildung gedient. Wenn die Situationen konsistent bestimmten Normen zugeordnet werden, ist die Gleichbehandlung des Gleichen die Folge.

Denker: »Das Recht muss auf jede Rechtsfrage eine richtige Antwort haben und darf schrankenloses Ermessen nicht zulassen.«

Diesem Anspruch kann das rechtliche Wissen genügen, wenn es sich zutraut, Zweifelsfragen zu beantworten oder Lücken zu schließen, indem es auf die höhere Abstraktionsebene wechselt. Unter Rekurs auf Prinzipien lassen sich die Regeln ergänzen.

Zögling: »Muss ein Dienstgeber den Angestellten angemessene Zeit zum Gebet einräumen?«

Wissender: »Gilt die Religionsfreiheit auch im Verhältnis von Privatpersonen?«

Zögling: »Die Religionsfreiheit ist ein Grundrecht. Sie ist ein gegen den Staat gerichtetes Abwehrrecht.«

Wissender: »Na siehst du.«

Wie zuverlässig solche Deduktionen sind, ist freilich eine andere Frage.

Denker: »Das Recht darf nicht unter den unzulässigen Einfluss der Politik geraten.«

Das rechtliche Wissen kann dieser Anforderung genügen, indem es ein Vokabular entwickelt, das politisch neutral ist und Resistenz gegenüber der Unterordnung unter ein politisches Programm verspricht.

Denker: »Das Recht soll seine Stimme nicht hohlköpfigen Moralisten leihen.«

Der Versuch, diese Forderung zu erfüllen, ist für die historische Gestalt des Formalismus entscheidend. Rechtsfragen sollten unter Ausklammerung der Gerechtigkeitsfrage beurteilt werden. Weiterhelfen sollte die moralfreie Betrachtung der »Natur« der rechtlichen Transaktion oder des Rechtsinstituts. Deswegen war oft vom

»Wesen« eines Rechtsinstituts die Rede. Die römischen Juristen waren beispielsweise fest davon überzeugt, dass eine Forderungsabtretung aufgrund des persönlichen Charakters von Obligationen unmöglich sei.

§ 52

Zuletzt ist auf die oben (§ 47) erwähnte elementare Zirkularität des Common Law zurückzukommen. Sie erklärt, warum das Common Law weniger eine Rechtstradition als ein ungelöstes Problem darstellt, das sich zu einer Rechtstradition ausgewachsen hat.

Aufgrund der Prämissen dessen, was Thomas Grey als die »klassische Orthodoxie« bezeichnet, kann einem Präzedenzfall nur rechtliche Autorität zukommen, wenn er auf der Einsicht in das System rechtlicher Regeln und Prinzipien beruht; andererseits beansprucht ein solches System, seine Grundlage in Präzedenzfällen zu haben. Wie können Präzedenzfälle diese Grundlage abgeben, ohne aus dem System abgeleitet zu sein?

Wie wir bereits gesehen haben, bietet das Prinzip des *stare decisis* einen Ausweg aus diesem Zirkel. Allerdings negiert es die Relevanz systematisch vermittelten rechtlichen Wissens und affirmiert das reine Entscheiden.

Das Prinzip des *stare decisis* ist janusgesichtig. Es fordert, dem zu folgen, was in Präzedenzfällen vorentschieden worden ist. Gleichzeitig erhebt es die Entscheidung, die vom Vorentschiedenen abweicht und etwas Neues einführt, selbst zu einem relevanten Präzedenzfall. Die neue Entscheidung ist nicht irrelevant, obwohl sie »systemwidrig« ist. Die Systemwidrigkeit berührt ihre Geltung nicht. Das System ist kraftlos. Es bricht mit der neuen Entscheidung in sich zusammen.

Die Rechtswissenschaft ist überflüssig. Es gibt nur Präzedenzfälle und spekulative Diskurse darüber, was durch sie eigentlich vorentschieden worden ist (also über ihre »holdings«).

§ 53

Das Case Law des Common Law ist aber mit einer Verfassung vergleichbar, die durch einfaches Recht jederzeit abänderbar ist. So wie es in einem solchen Verfassungssystem der Gesetzgebung freisteht, *post factum* jenes Gesetzesrecht aufzuheben, das ihr verfassungswidrig dünkt, ist es im Common Law den Gerichten anheimgestellt, ex post die Präzedenzfälle zu identifizieren, die sie für »schlechtes Recht« (*bad law*) halten.

Eine Kritik, die sich *bloß* auf die *ex-ante*-Perspektive beruft, reicht nicht hin. Durch die abweichende Entscheidung wird neues Recht geschaffen. Die Rechtslage ist nach der Entscheidung nicht mehr dieselbe wie vorher. Da es Gerichten aber unbenommen ist, manche Präjudizien als »bad law« zu identifizieren, müssen sie daher auch in der Lage sein, die Grundlage für fragmentarische Systembildungen selbst zu wählen. Dadurch wird das Prinzip des *stare decisis* eingeschränkt.

Womit sich die Frage stellt, ob das Common Law überhaupt möglich ist oder nicht auf einem Irrtum beruht.

§ 54

Das Common Law kann ein Rechtssystem nur sein, wenn sich »schlechte Entscheidungen« identifizieren lassen. Dazu muss es aber ein Stück Rechtswissenschaft in sich aufnehmen. Das Common Law, das uns begegnet, ist daher oft bloß zum Schein, was es vorgibt zu sein. Stets werden manche Präzedenzfälle als »Anomalien« oder als »schlechtes Recht« beiseitegelegt. Darin manifestiert sich das Moment von Rechtswissenschaft, das auch dem Common Law innewohnt. Ohne dieses könnte es kein rechtliches Wissen produzieren.

Allerdings muss diese wissenschaftliche Leistung durch Vorentscheidungen autorisiert werden. Die Gerichte sind fürs juristische Denken zuständig.

Das Ergebnis ist trist und grau. Es besteht in der intellektuellen Versklavung der akademischen Rechtswissenschaft. Jeder ist gezwungen so zu denken, wie die Gerichte denken. Ihre Rechtswissenschaft ist kraft Entscheidungsbefugnis gesetzt. Mögen die Prämissen auch noch so widersinnig sein, infrage stellen lassen sie sich nicht.

3. Amerikanischer Rechtsrealismus

§ 55

Am Ende des neunzehnten und Anfang des zwanzigsten Jahrhunderts unterlag der Formalismus einer heftigen Kritik. Sie manifestiert sich in zwei Strömungen: der sogenannten »Freirechtsbewegung« einerseits und dem amerikanischen Rechtsrealismus andererseits.

§ 56

Die Freirechtsbewegung war auf den deutschsprachigen Raum beschränkt. Die von ihr ausgehende Kritik am Formalismus vertraute im Wesentlichen auf zwei Strategien.

Die erste Strategie bestand darin, die Evidenz des positiven Gesetzes gegen den Anspruch der juristischen Expertise rhetorisch auszuspielen. Systematisch vermittelte rechtsdogmatische Ableitungen müssen bloß dem Gesetz (oder den Quellen des römischen Rechts) gegenübergestellt und mit der Frage konfrontiert werden, wo das kunstvoll Abgeleitete sich eigentlich im positiven Recht finde. Bei einer solchen Gegenüberstellung werde die Jurisprudenz die Blamierte sein. Es werde sich herausstellen, dass sie das Recht erfinde.

Die zweite Strategie ist eine Abwandlung der ersten. Sie ist im vorigen Kapitel bereits erwähnt worden (siehe oben § 42). Manifest ist sie im Inversionsvorwurf. Durch die juristische Systembildung werde Inhalt in die allgemeinen Rechtsbegriffe hineingezaubert, der sich im positiven Recht nicht finde. Durch die Ableitung von Konsequenzen aus diesen Inhalten werde das Recht weiterentwickelt.

Somit war es ein wesentliches Anliegen der Freirechtsbewegung zu behaupten, dass das, was sich als Rechts*wissenschaft* ausgibt, eigentlich Rechts*schöpfung* sei. Der kreative Impuls werde hinter dem Schleier der Wissenschaft verborgen und solcherart gegen Kritik immunisiert.

§ 57

Wesentlich ist die namensgebende Schlussfolgerung, die der wohl radikalste Vertreter dieser Strömung, Hermann Ulrich Kantorowicz, aus dieser Diagnose zog. Wo sich im Gesetz nichts finde, klaffe eine Lücke. Innerhalb des ungeregelten Bereichs müsse und dürfe das Recht frei gefunden werden. »Frei« bedeutet aufgrund des persönlichen moralischen Urteils. In der Tat meinte Kantorowicz, dass der letzte Entscheidungsgrund der freien Rechtsfindung in der Persönlichkeit des Richtenden liege.

Damit berührten sich seine Ansichten mit der mancher amerikanischer Rechtsrealisten. Allerdings waren diese radikaler. Die Rechtsrealisten sahen legitimen Raum für das moralische Urteil auch dort, wo es Gesetze oder Vorentscheidungen gab. Von der Gesetzesbindung hielten sie nicht viel. Dies wurde von Kantorowicz in seinem amerikanischen Exil bemäkelt.

§ 58

Die Freirechtsbewegung blieb ohne nachhaltigen direkten Einfluss im deutschsprachigen Raum. Dafür mag es wenigstens zwei Gründe geben.

Der eine ist im Aufstieg von Philipp Hecks »Interessenjurisprudenz« zu sehen. Sie schuf so etwas wie eine neue methodologische Orientierung, nachdem die Begriffsjurisprudenz nachhaltig erschüttert worden war. Nach Heck kommen in Gesetzen Wertentscheidungen zum Ausdruck. Sie werden von der Gesetzgebung angelegentlich der Lösung von Interessenskonflikten getroffen. An diesen Wertentscheidungen solle sich die Auslegung und Rechtsfortbildung orientieren. Sie seien die Bausteine für das »innere System« des Rechts.

Der andere Grund mag an dem üblen Beispiel liegen, das die Rechtswissenschaft und die Rechtspraxis im Nationalsozialismus boten. Beide lösten sich, sofern es politisch opportun und erwünscht war, weitestgehend vom Gesetz.

Abgesehen von seiner moralischen Abscheulichkeit war der Nationalsozialismus eine doppelte intellektuelle Katastrophe für die Rechtswissenschaft in Deutschland und Österreich. Einerseits wurden Gelehrte vertrieben, die das Zeug dazu hatten, anspruchsvolle Arbeiten zu verfassen (z.B. der genannte Kantorowicz); andererseits fehlte im Nachkriegsdeutschland – von Ausnahmen wie Rudolf Wiethölter oder Ulrich K. Preuß abgesehen – oft der Mut zur kritischen Auseinandersetzung mit dem rechtlichen Wissen und der Rechtswissenschaft. Die Angst vor der Erosion des Rechtsstaats war zu groß.

Besser alles unter dem Deckel halten.

§ 59

Über den amerikanischen Rechtsrealismus, der ein wenig später als die Freirechtsbewegung, nämlich in den 1920er Jahren, entsteht, lässt sich eine glücklichere Geschichte erzählen, selbst wenn die radikaleren Strömungen auch dieser Bewegung bald im Sand verlaufen sollten. Die intellektuelle Revolution, die der Rechtsrealismus auslöst, wird allerdings nachhaltig sein. Die heutige amerikanische Rechtswissenschaft verfährt, wenn sie etwas auf sich hält, interdisziplinär, vor allem im Hinblick auf die Sozial- und Wirtschaftswissenschaften. Dies ist eine Auswirkung des Rechtsrealismus.

Realistische Rechtstheorien begegnen einem auch in Skandinavien. Ihre Vertreter waren weniger an der Auseinandersetzung mit konkreten methodischen Fragen interessiert und befassten sich mit Erkenntnistheorie und Ontologie. In den USA war hingegen die Befassung mit Privat- und Wirtschaftsrecht der Schlüssel für die breitere Relevanz des realistischen Ansatzes. Hinzu kam ein ausgeprägtes Interesse der Rechtsrealisten an politischer Reform. Sie waren Gegner des *Laissez-faire*-Liberalismus und Anhänger des von Roosevelt initiierten New Deal. Manche von ihnen arbeiteten sogar für die Regierung.

Die Hauptvertreter des amerikanischen Rechtsrealismus sind Walter Wheeler Cook, Felix Cohen, Jerome Frank, Robert Hale, Joseph C. Hutchinson, Karl Llewellyn, Underhill Moore, Herman Oliphant, Max Radin und Hessel Yntema.

§ 60

Wie muss man sich eine realistische Rechtstheorie vorstellen? Die Bezeichnung legt nahe, dass der Schwerpunkt nicht auf einer geistig zu erfassenden idealen Entität (der »Norm« oder dem

»Prinzip«), sondern auf kausalen Kräften (dem »Realen«) liegt. Eine rechtsrealistische Theorie will unseren Sinn dafür schärfen, wie das Recht wirklich funktioniert.

Das scheinbar Paradoxe an dem Ansatz ist nun, dass die Realität des Rechts eine doppelte ist. Die Realität besteht aus der Realität selbst – also den gerichtlichen Entscheidungsvorgängen – und aus den Einbildungen, die Juristen sich von ihr machen. Die eingebildete Realität ist jener Teil der Realität, durch den die Realität real verhüllt wird.

Leserin: »Muss das so kompliziert sein?«

Autor: »Mit Notwendigkeit. Strengen Sie sich ein bisschen an!«

Das wirkliche Recht besteht nach realistischer Auffassung aus Gerichtsentscheidungen und den Mustern ihres Auftretens. Die reale Verhüllung besteht aus fehlerhaften oder leeren Vorstellungen – Einbildungen – über die Ursachen dieses Auftretens.

Die Gerichte meinen oder geben vor, Entscheidungen aufgrund von Rechtsbegriffen zu treffen. Dieses Meinen oder Vorgeben ist real. Es erzeugt aber auch *Schein*, weil die Begriffe keine rational motivierende Kraft haben und nichts begründen *können*. Sie geben keine objektiven Entscheidungsgründe ab. Hinter diesem sozialen Schein verstecken sich bewusste oder unbewusste subjektive Motive und Ursachen wie die politische Ideologie oder die Zugehörigkeit zu einer sozialen Schicht. Deren Einfluss lässt sich in ein partikulares moralisches Urteil *übersetzen*.

Richterin: »In den Augen der Verfassung ist die bildliche Veröffentlichung des Geschlechtsverkehrs zwischen Menschen und Tieren obszön. Sie darf verboten werden.«

Rechtsrealist: »Du glaubst zu Unrecht, dass das Verfassungsrecht ein solches Verbieten erlaubt. Deine Abscheu vor der Sodomie entspringt vielmehr deiner spießbürgerlichen Sozialisation. Die meisten von uns sind Spießer. Ich schließe mich nicht aus. Aber ich hüte mich davor, meinen moralischen Ekel als verfassungsrechtlich gedeckt auszugeben. Er gehört mir.«

§ 61

Zur Bezeichnung des Scheins einer rationalen juristischen Begründung – der Einbildung, dass sie etwas trägt – hat Felix S. Cohen einen einprägsamen Namen erfunden. Es handle sich um »transzendentalen Unsinn« (*transcendental nonsense*).

Nach Cohen begegnet man solchem »transzendentalen Unsinn« in Rechtsbegriffen, die keine durchsichtige Beziehung zu sozialen Tatsachen oder zu moralischen Urteilen enthalten. Sein Paradebeispiel ist die Vorstellung, eine Körperschaft existiere gleich einem menschlichen Wesen und habe daher irgendwo auf der Welt ihren »Sitz«. Im Fall von physischen Personen ist die Bedeutung des »Wohnsitzes« einer Person etwas Handfestes. Es ist der Ort, an dem die Person ihr Leben lebt (also ihre Arbeit, ihre Wohnung und ihre Familie hat). Personen sind – etwas, das Kelsen übrigens bestreitet – natürliche Tatsachen. Körperschaften sind das nicht.

§ 62

Richterin: »Wo ist ›Rewe‹ zu Hause?«
Kind: »Na, überall in Deutschland!«
Mutter: »Da hat sie aber jetzt recht!«

§ 63

Die rechtsrealistische Entlarvung der bloß *scheinbaren* Orientierung, die Rechtsbegriffe bieten, nimmt von konkreten Problemen ihren Ausgang. Die Frage, wo eine Körperschaft »sitzt«, stellt sich etwa dann, wenn jemand begehrt, gegen eine Körperschaft zu klagen. In welchem Land oder welcher Region muss die Klage eingebracht werden?

Die Auskunft des transzendentalen Unsinns, gegen den Cohen anschrieb, lautete, dass die Körperschaft an ihrem Sitz zu beklagen sei. Aber dieses Kriterium ist für sich genommen leer. Denn Körperschaften schlafen nicht in Betten, wohnen nicht in Wohnungen und gehen nicht zur Arbeit.

Der Leerlauf des Sitzkriteriums wird gleichwohl dadurch abgemildert, dass unter der Hand verschiedene Gesichtspunkte verwendet werden, um den »Sitz« einer Körperschaft zu bestimmen. Dazu gehören das Vorhandensein von Büros, von einem oder mehreren Geschäftslokalen oder die Überordnung einer Niederlassung im Verhältnis zu anderen Zweigstellen.

> *Leserin*: »Da haben wir es. Da ist doch der Bezug auf soziale Fakten. So inhaltsleer, wie Cohen tut, ist das Sitzkriterium also gar nicht.«
>
> *Autor*: »Ich bin noch nicht fertig. Passen Sie auf, jetzt kommt nämlich der springende Punkt!«

In der Rechtsprechung wird nach Cohen rein intuitiv und arbiträr einmal mehr auf den einen Gesichtspunkt und ein anderes Mal wieder auf einen anderen rekurriert.

> *Gericht*: »Das dauerhafte Anmieten von Büroräumlichkeiten, die zur Verwaltungsführung verwendet werden, ist ein untrügliches Anzeichen dafür, dass die Körperschaft ihren Sitz an dem Ort hat, an dem sich diese Räumlichkeiten befinden.«

Wenn Gerichte dem transzendentalen Unsinn aufsitzen, dann verfahren sie so, als ob es sich bei den da und dort verwendeten Kriterien um Eigenschaften von sozialen Gebilden handelt, die durch ihr Vorhandensein über den »Sitz« einer Körperschaft Ausschlag geben: dauerhafte Einrichtung eines Büros, eine gewisse Anzahl von Angestellten, die vor Ort arbeiten, regelmäßiger Kundenkontakt oder anderes. Der »Sitz« wird so dargestellt, als ob er vom Vorliegen der Eigenschaften sozialer Gebilde abhänge. Demgemäß wird auch das Rechtsproblem so dargestellt, als ob zu seiner Lösung bloß ein paar Fakten festzustellen seien. In dieser Erwartung spiegelt sich die Grundhaltung des Formalismus. Sobald die Tatsachen einmal festgestellt worden sind, wenden sich die Kriterien gleichsam von selbst an. Aber genau darin besteht laut Cohen der Unsinn. Die vorgeblichen Eigenschaften eines sozialen Gebildes sind bloße Gesichtspunkte, deren Relevanz für die Lösung von Konflikten moralisch zu beurteilen ist.

> *Rechtsrealist*: »Darf es im Verhältnis zu einem enttäuschten Kunden zur Bestimmung des Sitzes etwas ausmachen, ob die Körperschaft Büros angemietet hat? Oder soll man darauf achten, dass sie regelmäßigen Kontakt mit Endverbrauchern hat?«

Durch das intuitive und womöglich zusammenzählende Heranziehen von Kriterien werde verdeckt, dass etwa der Kundenkontakt von Bedeutung ist, um die Interessen der Verbraucher durch eine passive Prozessstandschaft zu schützen. Der Sitz einer Körperschaft ist nichts Absolutes. Er bestimmt sich im Hinblick auf die legitimen Gründe der Klagbarkeit und er bestimmt sich wieder anders im Hinblick auf die Steuerpflicht eines Unternehmens.

Wenn man diesen pragmatischen Charakter der Kriterien unterschlägt, dann legt die Rede vom »Sitz« nahe, die Körperschaft existiere, als wäre sie ein Ding. In Wahrheit wird die Existenz einer Körperschaft an einem gewissen Ort nur deswegen angenommen, um einen Interessenausgleich zwischen den Menschen zu ermöglichen, die sich der Körperschaft zur Verfolgung ihrer Zwecke bedienen, und jenen anderen, die berechtigte Ansprüche an diese Menschen richten.

§ 64

Wissender: »Der Sitz einer Körperschaft bestimmt sich danach, wo sie die meiste Geschäftstätigkeit entfaltet.«
Realistin: »Wie kommst du darauf?«
Wissender: »Das ist doch ganz analog zum Wohnsitz eines Menschen.«
Realistin: »Das ist eine Verdinglichung.«
Zögling: »Hihi.«

§ 65

Unzureichend strukturierte Begriffe, deren Merkmale flexibel herangezogen werden, um rechtliche Phänomene zu bestimmen, bleiben eine zusammengewürfelte Montage.

Aber sie sind nicht die einzige Form des transzendentalen Unsinns. Dazu zählen nach Cohen auch Begriffe, die in sich zirkulär sind. Sein Beispiel dafür ist das Markenrecht. In der zeitgenössischen Rechtsprechung wurden solche Rechte unter Rekurs auf naturrechtliche Eigentumsvorstellungen gerechtfertigt. Die Idee war die, dass, wer eine Marke einführe, einen Wert schaffe, der ihm nicht ohne Weiteres weggenommen werden dürfe. Cohen weist darauf hin, dass es einen solchen Wert ohne den rechtlichen Schutz der Marke nicht geben könne.

Semantisch unbestimmte Rechtsbegriffe wie der des »due process« gehören ebenfalls ins Reich des transzendentalen Unsinns. Eine rationale Behandlung von Rechtsfragen werde damit unmöglich (820):

> In every field of law we should find peculiar concepts which are not defined either in terms of empirical fact or in terms of ethics but which are used to answer empirical and ethical questions alike, and this bars the way

to intelligent investigation of social fact and social policy. (Felix S. Cohen, »Transcendental Nonsense and the Functional Approach«, in: *Columbia Law Review* 35 [1935], 809–849, hier: 820.)

Cohen kontrastiert den konfusen Diskurs, der ihm in Gerichtsentscheidungen begegnet, mit der größeren Transparenz und Rationalität, mit denen gesetzgebende Körperschaften gesellschaftspolitische Themen angehen. Er ist offensichtlich der Auffassung, dass das Recht in der Gesetzgebung besser als in Gerichten gewusst wird. Die Legislative sei der eigentliche Sitz der rationalen Rechtspolitik und die Richterinnen täten gut daran, wie Gesetzgeberinnen zu denken.

Richterin: »Das ist jetzt aber nicht Ihr Ernst, Herr Cohen?«

§ 66

Die Kritik des transzendentalen Unsinns geht davon aus, dass die Anwendung von inkohärenten, zirkulären oder unbestimmten Begriffen nicht die wahre Entscheidungsgrundlage sein könne. Diese Begriffe seien bloße Furnier. Die entscheidende Arbeit werde durch moralische Vorstellungen geleistet, deren Einfluss durch begriffliches Zauberspiel verdeckt werde. Cohen lädt uns dazu ein, zwischen einer bewussten, aber dunklen Ebene begrifflichen Schlussfolgerns, das sich als wertneutral ausgibt, und einer impliziten oder unbewussten Ebene, die moralisch und politisch motiviert ist, zu unterscheiden.

§ 67

Wenn in der Rechtsprechung verschiedene Kriterien zur Bestimmung des Sitzes einer Körperschaft verwendet würden und somit ein uneinheitliches Bild entstünde, dann deutete dies darauf hin, dass es entweder willkürlich zuginge oder unterschiedliche Situationstypen bei den Richtern unterschiedliche Reaktionen hervorriefen.

Die rekonstruktive Aufgabe einer realistischen Rechtslehre besteht nun darin, über die verhüllende Rolle von allgemeinen Rechtsbegriffen aufzuklären und herauszufinden, ob und wie sich hinter deren Verwendung Verhaltensmuster für richterliche Reaktionen auf solche Situationstypen ausfindig machen lassen. Solche Muster zelebrierten die Vertreter der Freirechtsbewegung sogar als »lebendes Recht« im Kontrast zum toten Buchstaben des Gesetzes oder zum Grau in Grau des Lehrbuchs.

Nicht wenige Vertreter des Rechtsrealismus beschäftigten sich mit dem Handelsrecht. Ihnen galten die von Gerichten anerkannten Handelsbräuche als Beispiel für solche Verhaltensmuster.

§ 68

Einer der theoretisch ambitioniertesten Köpfe, der bereits erwähnte Felix Cohen, wählt einen dezidiert pragmatistisch anmutenden Zugang zur Bestimmung des realen Rechts. Die Bedeutung eines Begriffs liege in den Konsequenzen, die seine Verwendung in der Sprachpraxis habe. Das Eigentum sei daher nichts als die Summe der vermögenswerten Interessen, die von der Gerichtsbarkeit unter diesem Namen geschützt werden.

Oftmals mutet die Terminologie, die von Realisten verwendet wird, »behavioristisch« an. Underhill Moore ist ein Bespiel dafür. Der Situationstypus fungiere als »Reiz«, das gerichtliche Urteil sei als die »Reaktion« darauf zu verstehen. In seinem einschlägigen Lehrbuch wird das Recht daher auch nicht begrifflich-systematisch, sondern am Leitfaden von unterschiedlichen Situationen dargestellt.

§ 69

Das Verhältnis von »Reiz« und »Reaktion« lässt sich allerdings auf zwei Arten sehen.

Zum einen kann man es rein kausal verstehen. Auf ein Ereignis folgt ein anderes. Die Regularität des Zusammenhangs lässt sich beobachten, auch wenn der Grund des kausalen Nexus unklar bleibt.

> *Zögling*: »Wenn du ›Polizeiwillkür‹ schreist, dann entscheidet die Richterin für dich.«
>
> *Wissender*: »Weißt du warum?«
>
> *Zögling*: »Ich habe keine Ahnung. Es liegt wohl an ihrer Persönlichkeit.«
>
> *Wissender*: »Was meinst du mit ›Persönlichkeit‹?«
>
> *Zögling*: »Das weiß ich nicht genau.«

Die einzige Regularität, zu der man solcherart gelangen mag, besagt, dass diese Richterin üblicherweise so entscheidet. Der Eigenname bezeichnet eine undurchsichtige Ursache.

Daraus folge aber nicht, dass eine Entscheidung, die anders als vorausgesagt ausfällt, kein Recht sei. Deswegen resultiert die Sichtweise in einer Entscheidungstheorie des Rechts. Jerome Frank hat sie vertreten. Demnach ist das Recht das, was die Gerichte entscheiden. Punktum. Ob die Entscheidung einem von Reiz und Reaktion gezeichneten Muster folgt oder nicht, ist ebenso unerheblich wie die Frage, ob sich die Entscheidungsgründe einsehen lassen.

Das ist keine plausible Konzeption des Rechts. Nicht nur bringt sie jede Richterin in die Position eines Souveräns, der an kein Recht gebunden ist, sie reduziert das Recht auf unverbundene Einzelentscheidungen. Das Recht zerfällt in eine heterogene Masse von juristischen Singularitäten.

Zum anderen kann das Schema von Reiz und Reaktion auch so gedeutet werden, dass die Reaktionen auf »Programmen« beruhen, die durch Reize ausgelöst werden.

Zögling: »Die Richterin ist ein linkes Schwein. Wenn du ›Polizeiwillkür‹ schreist, wird sie für dich entscheiden.«

Die Entscheidungsgründe sind nicht undurchsichtig. Sie beruhen auf einer politischen Haltung. Das Verhalten der Richterin ist vorhersehbar. Es folgt entweder Regeln oder wenigstens gewissen Anschauungen.

Viele Realisten haben eine Vorhersagetheorie des Rechts vertreten. Sie korrigiert den einsamen Absolutismus der Entscheidungstheorie. Denn nur dann, wenn eine Entscheidung das Potenzial hat, das Verhalten der Richterschaft künftig zu beeinflussen und Verhaltensmuster zu verändern, ist sie Recht. Das wird der Fall sein, wenn sie auf in der Richterschaft verbreitete Anschauungen passt (das war zumindest die Ansicht von Walter Wheeler Cook).

§ 70

Von dem berühmten Rechtspositivisten H.L.A. Hart und anderen ist gegen die Vorhersagetheorie des Rechts eingewendet worden, dass sie die normative Qualität des Rechts verkenne. Um dies einzusehen, müsse man sie bloß aus der erstpersonalen Perspektive eines entscheidungsbefugten Organs betrachten.

Richterin: »Mit dem Sachverhalt bin ich nun vertraut. So wie ich mich kenne, werde ich wahrscheinlich zugunsten des Beklagten entscheiden.«

Die Vorhersagetheorie ignoriere, dass Rechtsnormen Verhaltensmaßstäbe seien, an denen sich Richterinnen orientieren. Wie überhaupt die Idee seltsam sei, dass jemand, der entscheidet, sich, indem er entscheidet, ausschließlich aus der Perspektive einer dritten Person beobachtet und also etwas tut, indem er nichts tut.

Mit einer solchen Idee könne kein vernünftiger Mensch etwas anfangen.

Dieser Einwand unterstellt der Vorhersagetheorie eine Absicht, die sie nicht hatte. Sie war nie als Theorie der juristischen Entscheidung konzipiert. Sie wollte vielmehr Ausdruck einer Sichtweise auf das Recht sein, die Oliver Wendell Holmes denkwürdig als die eines »schlechten Menschen« (*bad man*) bezeichnete. Es handelt sich um die Sicht jemandes, dem bloß daran gelegen ist, die Kosten seines potenziellen Fehlverhaltens abzuschätzen.

§ 71

Wenn das Recht aus den Mustern richterlichen Verhaltens besteht und diese Muster sich aus der Anwendung von Verhaltensregeln erklären, an denen sich Richter orientieren, dann könnte eine realistische Theorie doch gleich diejenigen Regeln als Recht betrachten, deren Anwendung zur sozialen Regelmäßigkeit führt.

Diesen Schritt vollzieht sie nicht. Das liegt nicht, wie gern behauptet wird, daran, dass die Realisten die meisten Regeln für inhaltlich unbestimmt halten. Es liegt auch nicht daran, dass sie generell davon ausgehen, Entscheidungen beruhten in Wahrheit auf rein persönlichen Faktoren wie Launen, Krankheit oder beruflichem Stress. Cohen sagt ausdrücklich (ebd., 843):

> Law is not a mass of unrelated decisions nor a product of judicial bellyaches.

Es liegt vielmehr daran, dass die Rechtsrealisten keine Verbindlichkeit des Rechts anerkennen, die von der moralischen Verbindlichkeit verschieden wäre. Das ist ein ganz wichtiger Punkt.

Leserin: »Jetzt kommt schon wieder so ein ›springender Punkt‹ und ich versteh' zunächst einmal nur Bahnhof.«

Autor: »Gemach, Gemach.«

§ 72

Es ist eine der zentralen Fragen der Rechtstheorie, ob das Recht, wiewohl es effektiv ist, auch verbindlich ist. Was ist der Unterschied? Wenn das Recht nicht nur effektiv, sondern auch verbindlich ist, dann soll man ihm nicht bloß deswegen folgen, insofern dies die kluge Verfolgung des Eigeninteresses gebietet, sondern weil es etwa aus Gründen der politischen Fairness oder der Rücksichtnahme auf andere geboten ist.

Wenn das Recht durchsetzungskräftig ist, dann ist seine Maßgeblichkeit für das individuelle Verhalten abgeleitet von der Klugheit, die gebietet, dass man sich durch eine Sanktion nicht ins eigene Fleisch schneidet. Wenn aber das Recht auf Gründen beruht, die ihm Autorität verleihen, dann soll man dem Recht folgen, weil das Recht etwas angeordnet hat. Über Autorität verfügt, wer dazu befugt ist, anderen zu sagen, was sie tun sollen.

Zögling: »Sie dürfen nicht über die Straße gehen, wenn die Ampel auf Rot ist.«

Wissender: »Aber wieso denn, es ist doch kein Auto gekommen?«

Zögling: »Es ist trotzdem rechtlich verboten.«

§ 73

Hinter der Frage, ob das Recht Autorität hat, verbirgt sich eine weitere Frage. Es ist jene, ob die Autorität des Rechts von anderer Art ist als eine moralisch begründete Autorität. Die Letztere beruht auf guten Gründen. So gibt es gute Gründe, in einer Unfallsituation eine zufällig anwesende Ärztin mit der Versorgung der Verletzten zu betrauen und ihren Anordnungen zu folgen. Vermutlich kann solcherart das Beste zur Rettung der Verletzten getan werden. Unter solchen Umständen verleiht das moralische Gebot, Menschen zu retten, der Ärztin Autorität über andere.

Basiert die Autorität des Rechts auf etwas anderem als auf der Moral? Wenn es sich so verhielte, hätte man eine Erklärung dafür gefunden, weshalb das Recht es sich herausnimmt, unser individuelles moralisches Urteil beiseitezuschieben und für irrelevant zu erklären.

Zögling: »Die gesetzlich vorgesehene Kontrolle des Baufortschritts durch einen Treuhänder bevorzugt systematisch den Bauträger. Das ist unanständig.«

Wissender: »Unanständig oder nicht, Recht muss Recht bleiben.«

In den Augen der Rechtsrealisten hat das Recht keine besondere Autorität. Die Regeln des Rechts haben keine unser moralisches Urteil aufhebende Autorität. Das Recht ist vielmehr ein Teil der Moral und dieser somit untergeordnet. Das bedeutet, dass die Regeln, aus denen sich die richterlichen Reaktionen auf Situationsstimuli erklären, mit anderen potenziellen Handlungsgründen um ihre Relevanz für die Problemlösung konkurrieren. Anders gesagt, die Rechtsanwendung ist stets eine Frage des individuellen Gewissens.

Wissender: »Aber was machen wir dann mit dem Recht, das uns unanständig dünkt?«

Realist: »Wir verwenden das ganze methodische Instrumentarium, das uns die traditionelle juristische Argumentation bietet, um moralisch unakzeptable Ergebnisse zu vermeiden. Wir reduzieren den Anwendungsbereich von Regeln, die uns unfair erscheinen, auf so gut wie Null. Wir verwenden dafür sogar die Sprache des transzendentalen Unsinns. Im Grunde tun wir nichts anderes als die Formalisten. Wir spielen das Sprachspiel der juristischen Analyse und lassen uns dabei von unserem moralischen

Urteil leiten. Wir vertrauen auf die Richtigkeit dieses unseres Urteils.«

Wissender: »Das ist ein ganz frivoler Umgang mit der Autorität des Rechts.«

Realist: »Überhaupt nicht, denn das Recht hat doch nur so viel Autorität, wie von der Moral zugelassen wird.«

Wissender: »Das ist Anarchie!«

Realist: »Meinetwegen.«

Allerdings ist das kein Freibrief für ein juristisches »Alles geht«. Nicht zuletzt Cohen war des Umstands gewahr, dass die Rechtsordnung wichtigen moralischen Prinzipien dient (ebd., 840):

> If ethical values are inherent in all realms of human conduct, the ethical appraisal of a legal situation is not to be found in the spontaneous outpourings of a sensitive conscience unfamiliar with the social context, the background of precedent, and the practices and expectations – legal and extra-legal – which have grown up around a given type of transaction.

Die Grundsätze, die, wie wir gleich sehen werden, von Fuller zur internen Moral des Rechts gezählt werden, werden von Realisten also nicht über Bord geworfen. Sie werden allerdings als moralische Grundsätze unter anderen betrachtet. Wir werden darauf zurückkommen.

§ 74

Lon Fuller war kein Vertreter des Rechtsrealismus. Dennoch erfassen seine Beobachtungen zur »internen Moral« des Rechts etwas, worin auch Rechtsrealisten wie Cohen den moralischen Wert der Legalität erachten würden.

Fullers Grundgedanke ist einfach. Das Recht hat bestimmten moralisch signifikanten Grundsätzen zu genügen, um überhaupt als solches möglich zu sein. Die diesbezüglichen »Prinzipien der Legalität« bezeichnet Fuller als die »interne Moral des Rechts«. Während die »externe« Moral des Rechts sich an den Zielen manifestiert, denen das Recht dient (etwa der Gerechtigkeit oder dem Gemeinwohl), manifestiert sich die interne Moral daran, wie es diesen Zielen dient.

Fuller steht dabei etwa Folgendes vor Augen: Das Recht besteht aus Regeln und nicht aus einer Ansammlung von unverbundenen Einzelfallentscheidungen. Diese Regeln sind öffentlich bekannt und können von den Adressaten gewusst werden, bevor sie ein Verhalten setzen. Rückwirkende Rechtsetzung darf es nur ausnahmsweise geben. Die Regeln müssen klar sein und dürfen einander nicht widersprechen (sie vermeiden auch interne Widersprüche). Sie verlangen nichts Unmögliches und werden auch nicht so oft geändert, dass die Orientierung an ihnen aussichtslos erscheint. Es besteht Übereinstimmung zwischen den geschriebenen Regeln und ihrer praktischen Umsetzung (d.h. die Praxis ist nicht »ganz anders«).

Einiges davon würde von Rechtsrealisten als naiv verworfen werden. Sie würden einwenden, dass kein Rechtssystem diesen Idealen genügen könne. Aber die Diskrepanz von Anspruch und Wirklichkeit berührt Fullers Anspruch nicht. Die interne Moral des Rechts stellt eine Art Optimierungsanforderung dar (Fuller nennt sie eine »morality of aspiration«). Das Recht könne ihr besser oder schlechter genügen. Was der internen Moral Einheit verleiht, ist die Zweckmäßigkeit des Rechts. Sie manifestiert sich im »enterprise of subjecting human conduct to the governance of rules«. Die interne Moral des Rechts ist demnach die *Form von Handlungen*, deren Zweck es ist, menschliches Verhalten durch Regeln zu steuern.

§ 75

Die Beachtung der internen Moral ist einerseits eine Frage der Effektivität, weil das Recht besser in der Lage sein wird, das Verhalten der Adressaten zu steuern, wenn es verständlich formuliert und frei von Widersprüchen ist; andererseits erfüllt sie in der Tat das moralische Gebot, die Freiheit der Adressaten zu achten, ihr Verhalten gemessen an zuvor bekannt gegebenen Regeln einrichten zu können und vor unliebsamen Überraschungen gefeit zu sein. Nigel Simmonds hat dies wunderbar zum Ausdruck gebracht:

> When a citizen lives under the rule of law, it is conceivable that the duties imposed upon him or her will be very extensive and onerous, and the interstices between these duties might leave very few options available. Yet, if the rule of law is a reality, the duties will have limits and the limits will not be dependent upon the will of any other person. Might they be dependent upon the will of a sovereign lawmaker? One needs to remember here that laws must be prospective, and must not be subject to constant change. At any one time, therefore, the law may conflict with the present will of the sovereign lawmaker. [...] To be governed by law is to enjoy a degree of independence from the will of others. (N. Simmonds, *Law as a Moral Idea*, Oxford 2007, 101.)

Die Fuller'schen Prinzipien (die »principles of legality«) mögen auf den ersten Blick banal anmuten. Sie sind aber dennoch hilfreich. Im trans- oder internationalen Bereich sieht man sich immer wieder vor die Frage gestellt, ob etwas, das als Recht auftritt, wirklich Recht ist. Zweifel treten nämlich auf, wenn Normen so formuliert sind, dass die verwendeten Begriffe bloß Signale für Eingeweihte darstellen oder in ihrem Zusammenwirken so unbestimmt bleiben, dass sie im Effekt den anwendenden Organen bloß Ermessen zum Management von Situationen einräumen. Vor allem im Kontext des Krisenmanagements dürften die Bedingungen der Fuller'schen Legalität immer wieder verletzt werden. Das menschliche Verhalten wird dann nicht mehr durch Regeln, sondern durch Maßnahmen gelenkt.

§ 76

Rechtsrealisten schließen nicht aus, dass sich Richterinnen, wenn auch nicht ausschließlich, an Regeln orientieren, auch wenn diese Regeln zumeist nicht Gesetzen oder Lehrbüchern entstammen. Die Orientierung an Regeln ist zu einem nicht geringen Teil die Grundlage fürs Vorhersagen.

Gleichwohl handelt es sich bei allen Regeln, die von Richtern bewusst angewendet werden, um bloß subjektive Gründe. Das sind Gründe, von denen die Richter meinen, sie seien für die Entscheidung maßgeblich. Objektiv sind Gründe hingegen dann, wenn sie unabhängig davon maßgeblich *sind*, ob die Person, auf deren Verhalten sie anwendbar sind, diese Gründe auch als maßgeblich *erachtet*.

Leserin: »Würden Sie das *bitte* an einem Beispiel erläutern?«

Autor: »Wenn Sie meinen, dass Omega-Drei-Tabletten den Fettgehalt Ihrer Tränenflüssigkeit erhöhen, und Sie dies anstreben, dann haben Sie einen subjektiven Grund, solche Tabletten einzunehmen. Wenn Sie nicht wissen, dass Ihre Überzeugung falsch ist, haben Sie zwar noch immer einen subjektiven, aber keinen objektiven Grund. Sie bilden sich das eben bloß ein.«

Richterinnen, die ihren Beruf ernst nehmen, halten ihre subjektiven Gründe für objektiv. Sie werden die Regeln, die sie anwenden, als einen verbindlichen Maßstab erachten, über den sie nicht disponieren dürfen.

Realist: »Wissen Sie, Zögling, die Richterin ist eine Neoliberale. Da haben die Verbraucher keine Chance.«

Richterin: »Eine Irrtumsanfechtung seitens des Konsumenten ist gesetzlich ausgeschlossen, wenn der Irrtum durch den Unternehmer nicht verursacht worden ist.«

Realist: »Na, was habe ich gesagt.«

Bleibt es bei dieser Geltung, die von außen relativ aussieht und sich von innen dennoch absolut gibt?

Die äußere Relativität des intern Absoluten sollte zumindest nach Cohens Auffassung nicht das letzte Wort sein. In an Kants *Kritik der reinen Vernunft* gemahnenden Wendungen erinnert er an den internen Zusammenhang zwischen dem erklärenden und dem handlungsleitenden Teil des rechtsrealistischen Projekts und spekuliert über so etwas wie eine künftige Theorie der Werte (ebd., 849):

> The positive task of descriptive legal science cannot [...] be entirely separated from the task of legal criticism. The collection of social facts without a selective criterion of human values produces horrid wilderness and useless statistics. [...] Legal criticism is empty without objective description of the causes and consequences of legal decisions. Legal description is blind without the guiding light of a theory of values.

Allerdings sind die Rechtsrealisten über die Beschwörung des »situation sense« oder über die Aufforderung zur offenen Interessenabwägung hinausgekommen. Auch mutet die mitunter anzutreffende Vorstellung, die richtige Lösung springe aus einer empirisch reichhaltigen Darstellung der Fakten gleichsam von selbst hervor, eher schräg an. Die Realisten bleiben im Wesentlichen Moralskeptiker, denen bewusst war, dass das, was von innen zwingend erscheint, sich von außen relativ ausnehmen kann.

§ 77

Der Rechtspositivist Herbert Hart hat die Rechtsrealisten dafür gescholten, dass sie die maßstabsbildende Funktion von Regeln auf etwas Faktisches reduzieren.

Indes war Hart als Rechtspositivist den Realisten näher, als er meinte.

Hart war der Auffassung, dass die Normativität von sozialen Regeln – unter anderem der sozialen Konvention, aufgrund deren geltendes Recht identifiziert wird – auf der Konvergenz des Verhaltens beruht, das mit einer kritischen Aufmerksamkeit gegenüber abweichendem Verhalten verbunden ist. Alle tun es, und sie achten darauf, dass alle anderen es auch tun.

Zögling: »Stellen Sie sich vor, ich bin in eine Kirche gegangen, und da haben mich alle so streng angesehen, bis ich draufgekommen bin, dass ich vergessen hatte, den Hut abzunehmen. Das war peinlich.«

Wissender: »Ja, ja, in der Kirche muss man halt den Hut abnehmen.«

Der Sitz der Normativität der Regel – also das, was sie von einer Vorhersage unterscheidet – liegt in der kritischen Einstellung. Diese kommt zum Ausdruck in Stellungnahmen wie »Nun müssen Sie« oder »Sie hätten doch«.

Aber worauf ist die kritische Einstellung bezogen? Sie kann vom Ansatz her auf nichts anderes bezogen sein als auf die Konvergenz des Verhaltens. Denn was die Regel vorgibt, zeigt sich an dieser. Die Konvergenz ist ein Beleg dafür, dass alle die Regel gleich verstehen. Würde sie nicht gleich verstanden, wäre sie nicht, was sie zu sein vorgibt, nämlich eine Regel.

Wissender: »In der Kirche nimmt *man* den Hut ab.«

Leserin: »Toll, wie Sie das machen mit der *Kursivschrift*. Ich höre direkt, wie er das sagt.«

Autor: »Ich auch! Und ich fürchte mich sogar ein bisschen.« Wenn die Konvergenz sich nicht mehr einstellt, verschwindet die Regel. Die Kraft der kritischen Einstellung muss also auf der korrekten Antizipation des konvergierenden Verhaltens beruhen. Die Normativität ist die Vorwegnahme eines zwingenden Seins. Es handelt sich um ein Sein, gegen das *de facto* keine Abweichung eine neue Regel etablieren kann.

Die performative Kraft der kritischen Einstellung besteht darin, ein Sein zu antizipieren, das sich von keinem Anderssein und keiner Kritik rühren lässt.

Sollte das Sein aber ausbleiben, bleibt das Sollen rein und leer. Es taugt dann bloß noch zum Refugium oder schützenden Gehäuse für den sozialen Sonderling.

> *Der tolle Mensch (in der linken Hand eine Laterne haltend, in der Rechten seine Baseballmütze) stürzt in einen Kirchenraum, in dem alle Männer Hüte tragen*: »Seid Ihr noch zu retten? In der Kirche hat man den Hut abzunehmen.« *Der Priester bedeutet daraufhin dem Mesner und ein paar Ministranten, diesen Menschen aus der Kirche zu entfernen. Der tolle Mensch läuft weiter in Richtung Altar und ruft*: »Hüte! Hüte! Und ich suche Gott! *(schreit immer heftiger)* Bin ich denn der einzige hier, der noch Gott sucht?«

Bleibt die Konvergenz aus, findet sich die Normativität durch die Faktizität unterminiert. Es verhält sich also nicht so, dass die kritische Einstellung darauf bezogen ist, dass sich Konvergenz einstellen *soll.* Das ist gar nicht ihr Bezugspunkt, sondern bloß die Konsequenz ihrer Anwendung. Sie ist darauf bezogen, dass es, wenn es Konvergenz geben wird, diese nicht zur Debatte stehen wird.

Nichts anderes als eine Konzession an die realistische Sicht des rechtlichen Wissens bescherte uns Gustav Radbruch, als er unter dem Eindruck des nationalsozialistischen Rechts den Begriff des gesetzlichen Unrechts prägte. Er verankerte damit die Geltung des Rechts umfänglich in der moralischen Überlegung.

Nach Radbruch erfüllt das positive Recht eine wichtige Funktion. Seine Existenz schafft Rechtssicherheit. Wenn Gesetze gelten, dann wissen wir, woran wir sind.

Allerdings ist die Rechtssicherheit nicht der einzige Wert, dem das Recht verpflichtet ist. Das Recht soll auch gerecht sein. Der Kern der Gerechtigkeit ist nach Radbruch die Gleichheit.

Wenn jeder aufgrund seiner individuellen moralischen Überlegung den Geltungsanspruch von Gesetzen zurückweisen könnte, weil sie ihm ungerecht dünkten, wäre es mit der Rechtssicherheit nichts. Es könnte gar kein positives Recht geben. Also muss der Rechtssicherheit im Verhältnis zu Auffassungen über Gerechtigkeit der Vorrang gebühren.

Allerdings kommt dieser Vorrang an sein Ende, wenn das Recht gravierend oder horrend ungerecht ist. Dann kann das Recht seinen Geltungsanspruch auch nicht mehr unter Rekurs auf die Rechtssicherheit einlösen.

Die Umstände, unter denen das Recht aufgrund der in ihm enthaltenen Ungerechtigkeit nicht gilt, hat Radbruch auf zweierlei Arten ausgedrückt. Robert Alexy hat sie als die »Unerträglichkeitsformel« und die »Verleugnungsformel« bezeichnet. Beide kommen in dem unten stehenden Zitat von Radbruch deutlich zum Ausdruck:

Der Konflikt zwischen der Gerechtigkeit und der Rechtssicherheit dürfte dahin zu lösen sein, dass das positive, durch Satzung und Macht gesicherte Recht auch dann den Vorrang hat, wenn es inhaltlich ungerecht und unzweckmäßig ist, es sei denn, dass der Widerspruch des positiven Gesetzes zur Gerechtigkeit ein so unerträgliches Maß erreicht, dass das Gesetz als ›unrichtiges Recht‹ der Gerechtigkeit zu weichen hat. Es ist unmöglich, eine schärfere Linie zu ziehen zwischen den Fällen des gesetzlichen Unrechts und den trotz unrichtigen Inhalts dennoch geltenden Gesetzen; eine andere Grenzziehung aber kann mit aller Schärfe vorgenommen werden: wo Gerechtigkeit nicht einmal erstrebt wird, wo die Gleichheit, die den Kern der Gerechtigkeit ausmacht, bei der Setzung positiven Rechts bewusst verleugnet wurde, da ist das Gesetz nicht etwa nur ›unrichtiges‹ Recht, vielmehr entbehrt es überhaupt der Rechtsnatur. Denn man kann Recht, auch positives Recht, gar nicht anders definieren als eine Ordnung und Satzung, die ihrem Sinne nach bestimmt ist, der Gerechtigkeit zu dienen. (Gustav Radbruch: »Gesetzliches Unrecht und übergesetzliches Recht«, in: *Süddeutsche Juristenzeitung* 1946, 105, hier: 107.)

Die Verleugnungsformel ist sehr einleuchtend in Fällen, in denen bestimmte Gruppen von Menschen als »Untermenschen« behandelt werden.

Da es auf den Grad der Ungerechtigkeit im Verhältnis zur Rechtssicherheit ankommt, setzt die Feststellung von gesetzlichem Unrecht eine Abwägung voraus.

4. Der moderne Rechtspositivismus

§ 79

Eine Unterführung vor dem Justizpalast. Die Richterin zündet sich eine Zigarette an. Der Wissende verzieht angewidert das Gesicht und tritt ein wenig zurück.

Richterin: »Was machen wir jetzt?«

Wissender: »Ich bin mir noch nicht ganz sicher. Vielleicht legen wir einfach die Karten auf den Tisch und behaupten, dass das Recht uns das alles erlaubt. Es gibt uns die Macht dazu.« *Holt durch die Nase Luft und presst zwischen den Zähnen heraus*: »Die Macht!«

Richterin: »Das ist verdammt riskant.«

§ 80

Wie man es auch dreht und wendet, der amerikanische Rechtsrealismus ist eine extrem plausible Rechtstheorie. Wir machen uns unser eigenes Handeln und das der anderen in der Sprache der Moral verständlich. Wir rechtfertigen uns anderen und uns selbst gegenüber, indem wir sagen, »Wir konnten doch nicht anders, als ...« oder »Es ist doch unsere Sache, ob ...«. Im Kontext unserer Handlungsplanung bestimmt das Rechtssystem einige wichtige Begleitumstände. Selbstverständlich interessiert uns ausschließlich dessen voraussichtliche Reaktion. Wir wollen sie vorhersehen können. Aber auch als Rechtsanwender würden wir das moralische Überlegen nicht einfach fallen lassen. Den Geltungsanspruch des Rechts würden wir vor seinem Hintergrund sehen. Wenn wir der Rechtssicherheit einen großen Wert beilegen und unser eigenes sachliches moralisches Urteil hintanstellen, dann beruht dies auf Gründen der politischen Moral. Das wäre etwa völlig vereinbar mit der Moral, das Amt einer Richterin mit der Absicht auszuüben, zur Mehrung der Gerechtigkeit beizutragen.

Es darf uns nicht verwundern, dass kluge Laien und Rechtsanwälte wie Rechtsrealisten denken. Es ist die natürlichste Sache der Welt.

§ 81

Umso schwerer fällt es zu begreifen, weshalb Studierenden an Rechtsfakultäten nicht gleich von der ersten Stunde an zu verstehen gegeben wird, dass sie sich nun eine spezielle Sprechweise anzueignen hätten, die sie nach bestem Wissen und Gewissen gebrauchen sollten. Worin läge denn die Gefahr eines offenen Bekenntnisses zum Rechtsrealismus?

Richterin: »Na, das wäre ja noch schöner!«

In der Tat würden Richterinnen oder Professoren des Rechts aus ihrer Rolle fallen, wenn sie erklärten, alles juristische Sprechen sei von zweifelhafter intellektueller Dignität und die individuelle Moral das, worauf es eigentlich ankomme.

Leserin: »Warum eigentlich?«

Für Richterinnen würde die persönliche Verantwortung unerträglich groß. Sie müssten offen einbekennen, dass das, was man gemeinhin als ihre »Weltanschauung« bezeichnet, die Ausübung ihres Berufs bestimmt. Das ist mit ihrer unparteilichen und erhabenen Rolle schwer verträglich. Vereinbar wäre es damit nur, wenn sich zeigen ließe, dass ein solcher Einfluss unvermeidlich sei. Für eine solche Unvermeidlichkeit müssten subtile Erklärungen gefunden werden. Es ist nicht zu erwarten, dass Subtiles sich ohne Vermittlungsschwierigkeiten an die Öffentlichkeit kommunizieren lässt.

Verurteilter (zur Richterin): »Du Nazi-Sau!«

Professoren des Rechts würde wiederum das Mittel ihrer Erwerbstätigkeit aus der Hand geschlagen, wenn ihren Gutachten die technokratisch-neutrale Aura fehlte. Man könnte nicht mehr davon ausgehen, dass aus ihren langen Stellungnahmen das Recht selbst spricht. Es wäre offenkundig, dass entweder ihr persönlicher Standpunkt oder die Erwartung des Auftraggebers ihre Expertise bestimmt.

Wissender: »Ich verbitte mir jegliche Unterstellung, meine Wissenschaft sei käuflich!«

Autor: »Aber davon war doch nicht die Rede.«

(Das Kind beginnt zu weinen).

§ 82

Dies sind nicht die einzigen Gründe, die es den Trägern rechtlichen Wissens – den Richterinnen und den Professoren – unangemessen erscheinen lassen, sich offen zum Rechtsrealismus zu bekennen. Es gibt wenigstens zwei weitere. Aus ihnen erklärt sich die Bedeutung des modernen rechtspositivistischen Projekts.

Der erste Grund besteht darin, dass das Recht zumindest *de facto* den Anspruch erhebt, im Verhältnis zum moralischen Urteil Vorrang zu genießen. Das bedeutet, dass die moralische Einsicht vom positiven Recht nur insoweit anerkannt wird, als sie von diesem selbst zugelassen wird. Das Recht unterscheidet sich insofern *aktiv* von der Moral.

Wenn an dem Autoritätsanspruch des Rechts etwas dran ist, dann ist es mit dem Rechtsrealismus nichts. Gleichwohl besteht wenig Grund zur Sorge, dass wir uns schnell vom Realismus verabschieden müssen. Es ist nicht zu erwarten, dass sich ein von der Moral gänzlich verschiedener Autoritätsanspruch begründen lässt. Unter diesem Gesichtspunkt lässt sich dem Rechtsrealismus wohl kaum beikommen.

Der zweite Grund ist mit dem ersten verbunden, auch wenn er nicht dessen direkte Konsequenz ist. Die Vorhersagetheorie des Rechts vermag uns nicht zu erklären, weshalb beim Erheben und Begründen von juristischen Geltungsansprüchen dem positiven Recht normative Relevanz zugebilligt wird. Vor Gericht argumentiert man damit, dass »das Recht« etwas fordere. Zwar wird Untergerichten immer wieder signalisiert, wie die Obergerichte entscheiden, und insofern mag die Argumentation von Vorhersagen getränkt sein; aber spätestens vor einem Höchstgericht – und nicht nur vor diesem – beruft man sich auf das, was das Recht *vorschreibt* oder *verbietet*. Wenn die Vorrechtsprechung bemüht wird, dann unter der Voraussetzung eines Gleichbehandlungsgebots, an das man auch das Höchstgericht gebunden erachtet.

Moderne Rechtspositivisten haben daraus geschlossen, dass aus der Binnenperspektive derer, die rechtliches Wissen produzieren, das Recht sich als verbindlicher Maßstab und nicht als bloßes Verhaltensmuster darstellt. Diese interne Normativität des Rechts ist von Rechtsrealisten mit einem pauschalen Unsinnsverdacht bedacht worden. Die Rechtspositivisten wehren sich nun dagegen, diese »interne Perspektive« des Rechtssystems zu eliminieren. Immerhin sei sie ein Teil des sozialen Phänomens.

§ 83

Allerdings ist der moderne Rechtspositivismus zu einer bedeutenden Konzession bereit.

Ältere Rechtspositivisten wie Karl Bergbohm in Deutschland oder John Austin in England haben die vom Rechtsrealismus diagnostizierte Problematik des Formalismus nicht gesehen. Es ging ihnen darum, die sozialen Bedingungen aufzuklären, unter denen es Rechtssysteme geben könne. Die vom Rechtsrealismus ins Auge gefasste Problematik eines begriffliche Luftschlösser bauenden rechtlichen Wissens war ihnen fremd. Eine gewisse Ausnahme war Jeremy Bentham, der wenigstens der Ideologie des Common Law seiner Zeit kritisch gegenüberstand. Allerdings kannte die englische Rechtswissenschaft die Auseinandersetzung mit dem Formalismus oder der Begriffsjurisprudenz nicht.

Kelsens moderner Rechtspositivismus trägt selbst zur Kritik der zeitgenössischen Rechtswissenschaft bei. Über weite Strecken ist er sich mit dem Rechtsrealismus über die Stoßrichtung einig. Tatsächlich ist Kelsen den Realisten zeitlich sogar zuvorgekommen. Kelsens kritisches Gebäude war beinahe schon fertiggestellt, als die amerikanischen Realisten erst loslegten.

In vielerlei Hinsicht mutet sein intern korrigierter Rechtspositivismus wie ein Beitrag zu einem realistischen Projekt an. So bemühte sich etwa der Rechtsrealist Robert Hale zu zeigen, dass die privaten Rechtsbeziehungen alles andere als eine zwanglose Sphäre etablieren. Vielmehr schaffe das Privatrecht die Kontextbedingungen, unter denen der eine den anderen zu einem Verhalten nötigen könne. Auf eine analytisch weniger aufwendige, aber dafür vergleichsweise direktere Weise verwirft Kelsen die Unterscheidung zwischen öffentlichem und privatem Recht als ideologisch motiviert und fiktiv. Das öffentliche Recht wird gern als das Rechtsgebiet charakterisiert, in dem die einen, die Staatsorgane, anschaffen und die anderen, die »Rechtsunterworfenen«, gehorchen. Im Vergleich dazu kenne das Privatrecht keine Über- und Unterordnung, sondern bloß die Gleichordnung. Kelsen überwindet diesen Gegensatz. Arbeitgeber schaffen an, aber dasselbe tue ein Gläubiger, der die geschuldete Leistung verlange. Überall, wo es Recht gebe, werde angeschafft. Insofern ist nach Kelsen alles Recht »öffentliches« Recht.

Kelsen geht aber auch anderen »Dualismen« zu Leibe, etwa dem von Staat und Recht. Die Staatslehre seiner Zeit ging davon aus, dass der Staat dem Recht logisch und zeitlich vorangehe und das Recht eine Schöpfung des Staates sei. Kelsen unternimmt es nachzuweisen, dass sich der Staat ohne Recht nicht denken lasse und letztlich der Staat und das Recht dasselbe seien. Er attackiert die Unterscheidung zwischen natürlichen und von der Rechtsordnung künstlich geschaffenen juristischen Personen, indem er darlegt, dass auch die natürliche Person eine Schöpfung des Rechts sei. Die natürliche Person sei gar nichts Natürliches, sondern eine Bündelung von Rechten und Pflichten, eine »Subrechtsordnung« innerhalb der Rechtsordnung. Kelsen unternimmt verschiedene Anläufe, den Dualismus zwischen staatlichem Recht und Völkerrecht als eine Täuschung zu entlarven. In Wahrheit könne es nur eine einzige, globale Rechtsordnung geben. Kelsen verwirft die Idee, dass es subjektive Rechte – etwa angeborene Rechte – geben könne, ohne dass diese durch objektive Rechtsregeln konstituiert wären. Kein subjektives Recht ohne objektives Recht. Gleich den Rechtsrealisten hält Kelsen die sogenannten Interpretationsmethoden für beliebig einsetzbar, um für erwünschte Ergebnisse zu argumentieren, weil keine Methode Vorrang vor einer anderen beanspruchen könne. Wie die Rechtsrealisten sieht Kelsen den Prozess der Rechtsschöpfung nicht schon bei der Gesetzgebung beendet, sondern in der Rechtsprechung fortgesetzt. Nicht anders als die Rechtsrealisten ist auch Kelsen gegenüber jedem überzogenen Wissensanspruch der juristischen Dogmatik skeptisch. Gleich den Rechtsrealisten wehrt er sich gegen jegliche verschleiernde, idealisierende oder verdinglichende Begriffsbildung.

Zögling: »Kelsen rocks!«

Realist: »He sure does.«

§ 84

Kelsens Stellung zum Interpretationsproblem ist für das Verständnis seiner gesamten Lehre von größter Bedeutung. Durchschnittsrechtspositivisten erachten in der Interpretation von Rechtsvorschriften den eigentlichen Anker rechtlichen Wissens. Bei Kelsen ist dies vom Ansatz her nicht anders. Allerdings meint er, dass man nicht sagen könne, eine Interpretationsmethode sei den anderen vorzuziehen.

Diese Auffassung entspringt keinem übertriebenen Skeptizismus. Das Sprachverstehen ist eine Kunst. Man muss es der Urteilskraft anheimstellen, ob eine Äußerung wörtlich zu verstehen oder angesichts des Äußerungskontexts entgegen dem Wortlaut anders aufgefasst werden muss.

Städtische Verordnung: »In der Fußgängerzone sind das Konsumieren und die Mitnahme von Alkohol verboten.«

Denker: »Darf ich eine Flasche Wein in einer Einkaufstasche durch die Fußgängerzone tragen?«

Wissender: »Wenn man die Norm wörtlich interpretiert, fällt dieses Verhalten in den Verbotsumfang (»Mitnahme«). Allerdings ist sie mit dem Ziel erlassen worden, lautstarke alkoholische Geselligkeiten zu unterbinden. Unter diesem Vorzeichen kann man den Wortlaut der Norm telelogisch reduzieren. Ihr Anwendungsbereich lässt sich einschränken auf die Mitnahme von Alkohol mit der Absicht, ihn in der Fußgängerzone zu konsumieren (etwa durch eine in der Hand getragene Bierdose oder eine geöffnete Flasche Wein).«

Zögling: »Welche Interpretation muss gewählt werden?«

Wissender: »Nach Kelsen darf das rechtsanwendende Organ über die Wahl der einen oder der anderen Auslegung entscheiden.«

Zögling: »Darf auch die politische Ideologie diese Wahl beeinflussen?«

Wissender: »Warum sollte sie das nicht?«

Denker: »Wenn mir die Nazi-Sau von Richterin eins aufdrücken will, weil ich meinen Chateau Margaux in der Aktentasche durch die Fußgängerzone trage, könnte Sie das wirklich tun?«

Zögling: »Ja, Sie könnte.«

Leserin: »Aber das ist ja genauso wie bei den Rechtsrealisten!«

Autor: »Ja, mit einer wichtigen Einschränkung. Die politisch motivierte Entscheidung muss durch die Anwendung einer Interpretationsmethode vermittelt werden.«

Aus Kelsens Agnostizismus betreffend Interpretationsmethoden folgt, dass automatisch ein schöpferisches Element in die Rechtsanwendung einwandert. Die anzuwendende Norm determiniert nicht ihre eigene Auslegung. Vielmehr entscheidet die Wahl der Interpretationsmethode darüber, wie die Norm zum Zwecke der Anwendung zurechtgelegt wird. Der »Rahmen« für mögliche Auslegungen setzt diesem schöpferischen Vorgang eine Grenze.

§ 85

An dieser Überlegung manifestiert sich etwas, das man als Kelsens Grundoperation bezeichnen könnte. Wo auch immer das rechtliche

Wissen zu keinem eindeutigen Ergebnis gelangen kann, muss man, damit die Rechtsanwendung dennoch möglich ist, davon ausgehen, dass das rechtsanwendende Organ über die Rechtsmacht verfügt, das Unbestimmte zu bestimmen. Unbestimmte Rechtsbegriffe sind Indizes für die Macht der Organe, ihnen eine Bedeutung von Fall zu Fall zuzuschreiben. Der Skeptizismus gegenüber der Leistungsfähigkeit rechtlichen Wissens übersetzt sich in die Konstruktion von Ermächtigungen, Entscheidungen zu treffen.

Zögling: »Was bedeutet der Begriff der Menschenwürde?«

Leserin: »Nach Kelsen hat der Begriff die Bedeutung, welche die Gerichte ihm beilegen.«

Jerome Frank (vom Himmel herab aus den Wolken schauend): »Hey folks, this reminds me of my claim that an earlier judicial decision means what the later judge says it means. That Kelsen is one hell of a guy.«

Wissender (mit starkem deutschen Akzent): »Did Kelsen really mean it that way? *(zum Zögling)*: Discuss!«

§ 86

Gleichwohl ist Kelsen ein Vertreter des Rechtspositivismus. Das bedeutet, dass für ihn alles Recht den Quellen entstammt, die sich als soziale Fakten beschreiben lassen (als ein Verhalten oder ein Sprechen). Wenn das Recht das Licht der Welt erblickt hat, dann steht es fest. Dieses Feststehen impliziert nicht, dass es zur Anwendung schon hinreichend bestimmt ist. Aber es ist so weit bestimmt, dass es beschrieben werden kann.

Die Beschreibung des positiven Rechts ist die eigentliche Aufgabe rechtlichen Wissens. Zum Zweck der Beschreibung ist nach rechtspositivistischer Auffassung eine klare Trennlinie zur Moral zu ziehen. Diese als »rechtspositivistische Trennungsthese« bezeichnete Grenzziehung hat H.L.A. Hart so ausgedrückt, dass es eine

Sache sei, das Recht zu beschreiben, wie es ist, und eine andere, darüber nachzudenken, wie es sein soll.

Schon vor Kelsen war es das Markenzeichen des Rechtspositivismus, für die Entstehung von geltendem Recht soziale Fakten für maßgeblich zu erachten und die Beschreibung des positiven Rechts von seiner moralischen Bewertung zu trennen. Kelsen geht darüber hinaus, indem er nun die Kritik am Formalismus in den Rechtspositivismus integriert.

§ 87

Was Kelsen von den Rechtsrealisten gleichwohl unterscheidet, ist seine Überzeugung, dass das Recht sich nicht auf ein Aggregat von Verhaltensmustern reduzieren lässt. Würde eine solche Reduktion vollzogen, ginge verloren, was das Recht ausmache. Der Unterschied zum Realismus ist deutlich. Das Recht setzt sich nicht aus Fakten zusammen. Es ist aus Normen gemacht.

Nichtsdestotrotz ist es nützlich, sich Kelsens Theorie unter Rekurs auf den alternativen rechtsrealistischen Ansatz verständlich zu machen, nämlich die Entscheidungstheorie des Rechts. Im vorangegangenen Kapitel haben wir sie als unplausibel verworfen. Kelsens Lehre steuert nun die Elemente bei, unter deren Hinzufügung die Entscheidungstheorie einleuchtend erscheinen kann.

§ 88

Die Unumgänglichkeit des Normativen ergibt sich für Kelsen aus einer einfachen Beobachtung. Das Recht gehört nicht zur Welt der natürlichen Tatsachen. Es ist mit sozialen Tatsachen verknüpft, ohne selbst eine solche zu sein.

Natürliche Tatsachen sind die stummen Denkmäler der mechanisch wirkenden Natur. Der Stein ist zu Boden gefallen. Die Gravitation hat ihre Wirkung getan. Zum Sprechen gebracht wird die Natur mit den Mitteln der Mathematik.

Soziale Tatsachen begegnen uns hingegen in einem interpretierten oder vorinterpretierten Zustand.

Zögling (auf den Wissenden deutend): »Das ist der Herr Professor.«

Mutter: »Das sieht man ihm aber nicht an.«

(Das Kind weint heftig auf).

Soziale Tatsachen sind Vorkommnisse und Fakten, die in ein bestimmtes Licht getaucht sind. Das Licht, das auf sie fällt, entspringt Deutungen. Diese beruhen teilweise auf der Anwendung von Normen.

Wissender: »Wie nennt man das, wenn jemand Geld, das andere ihm anvertraut haben, zu seinem eigenen Vorteil verwendet?«

Zögling: »Wir nennen das ›Veruntreuung‹.«

Wissender: »Woher wissen wir das?«

Zögling: »Aus der Bestimmung des Strafgesetzbuchs, die ein solches Verhalten unter Strafe stellt.«

Laut Kelsen fungieren Normen als »Deutungsschemata«. Sie verleihen einem sozialen Sachverhalt eine bestimmte Bedeutsamkeit. Die Tatsachen nehmen diese an mit Blick auf eine mögliche Rechtsfolge oder durch die Schaffung eines allgemeinen relevanten sozialen Sachverhalts, etwa einer »institutionellen Tatsache«. Die »Ehe« gäbe es nicht ohne Normen, welche die Ehe als soziale Tatsache konstituieren.

Wissender: »In Louisiana wurden Schwarze regelmäßig gelyncht, wenn auch bloß auf den Verdacht hin, sie hätten sich an einer weißen Frau vergangen. Niemand zweifelte daran, dass Schwarze das verdient hätten. Wie deuten Sie das juristisch?«

Zögling: »Als ein furchtbares Unrecht?«

Wissender: »So ein Schmarren. Das Lynchen war Gewohnheitsrecht, also ein regelmäßig geübter Brauch mit dem Bewusstsein der Rechtmäßigkeit.«

Autor: »Das ist ein geschmackloses Beispiel.«

Wissender: »Ach, halten Sie sich da raus!«

Etwas als Ausdruck oder im Lichte von Normen zu sehen – etwa als Erfüllung der Bedingungen für die Erzeugung von Gewohnheitsrecht – bedeutet, es als Ausdruck von etwas anderem zu sehen. Darin steckt stets eine *elementare Idealisierung*. Eine komplexe Tatsache wird vereinfacht und als Ausdruck eines Begriffes gesehen. Ein Verhalten als »Veruntreuung« zu deuten »idealisiert« dieses insofern, als es als Ausdruck eines idealen Bedeutungsgehalts gesehen wird, der als korrekt oder inkorrekt realisiert betrachtet werden kann. Die Deutung trägt die Bedeutung des Begriffs ins Stoffliche. Die Idee berührt das Materielle. Sie »idealisiert«.

Ausgeprägte Idealisierungen sind immer dann im Spiel, wenn das Gedeutete vermöge der Idealisierung oder der an sie geknüpften normativen Konsequenz als wünschenswert oder achtunggebietend ausgegeben wird. Sie sind mit Vorsicht zu genießen, vor allem dann, wenn die Idealisierung durch Normen selbst vollzogen wird.

Artikel 10 Abs. 1 des Vertrags über die Europäische Union: »Die Arbeitsweise der Union beruht auf der repräsentativen Demokratie.«

Diese Norm behauptet, dass die Union wie eine repräsentative Demokratie funktioniert.

§ 89

Bloß im Fall von konstitutiven Regeln, die dem Zweck dienen, eine institutionelle Tatsache zu schaffen (einen »Status«, wie den des Verheiratetseins), ist die Idealisierung die Funktion der Norm. Ansonsten ist sie deren Nebenprodukt. Rechtsnormen knüpfen Folgen an den idealisierten Sachverhalt. Das Verhalten, das als »Veruntreuung« zu deuten ist, soll bestraft werden. Das Verhalten, das sich als »Vertragsschluss« deuten lässt, schafft eine neue, zwischen den vertragschließenden Parteien geltende Norm.

Idealisierungen treffen nicht immer zu. Ausgeprägte Idealisierungen fungieren als Quelle von Anmaßung und Schein, wenn sie dazu dienen, etwas besser oder bedeutender aussehen zu lassen, als es wirklich ist. Jede gut gemachte Steuererklärung enthält Idealisierungen dieser Art. Der Hauptmann von Köpenick spielte einen militärischen Befehlshaber so geschickt, dass alle glaubten, er habe die Befehlsgewalt tatsächlich gehabt. Das Innehaben von Befehlsgewalt wird durch Normen konstituiert, die eine Rechtsetzungsbefugnis einräumen. Im Fall des Hauptmanns von Köpenick war die Idealisierung falsch. Sie erzeugte einen *Anschein*, obwohl eine wesentliche Voraussetzung für das Bestehen der Befehlsbefugnis fehlte, nämlich die Bestellung zum Hauptmann.

§ 90

Bei der Idealisierung von Sachverhalten können drei unterschiedliche Fehler unterlaufen.

Der erste Fehler besteht darin, die Idealisierung zu vollziehen, obwohl die faktischen Voraussetzungen dafür fehlen oder zweifelhaft sind. Dahinter mag eine Strategie stecken, denn eine Idealisierung kann man gezielt dazu verwenden, um Zweifel zu zerstreuen oder zu übertünchen.

Europäische Union: »Ich bin eine repräsentative Demokratie.«

Der zweite Fehler manifestiert sich in der fehlerhaften Interpretation der idealisierenden Norm zum Zwecke der Idealisierung. An der Aufdeckung dieses Fehlers ist Kelsen besonders gelegen. Seine Nähe zur Freirechtsbewegung und zum Realismus wird an diesem Punkt besonders deutlich.

Zu beachten ist, dass der zweite Fehler als Substitut des ersten fungieren kann. Mitunter werden Normen inhaltlich umgedeutet, damit sie auf Sachverhalte passen, auf die sie an sich nicht passen.

Richterin: »Eine gemeinsame Verfassungstradition der 28 Mitgliedstaaten der Europäischen Union liegt auch dann vor, wenn die fragliche Norm von bloß zwei Mitgliedstaaten anerkannt wird.«

Wissender: »So geriert sich der Hauptmann von Köpenick, wenn er zu Gericht sitzt.«

Der dritte Fehler beruht darauf, die Idealisierung mithilfe einer Norm zu vollziehen, die nicht gilt und daher eigentlich keine Norm ist. Das betrifft aus Kelsen'scher Sicht die Normen der Moral oder des Naturrechts.

Diese Fehlerquellen spielen im rechtlichen Wissen zusammen. Eine Begriffsbildung kann naturrechtlichen Ursprungs sein und dazu führen, dass positives Recht anders ausgelegt wird, als es ist.

Wissender: »Zugegeben, unsere Verfassung kennt keine allgemeine Handlungsfreiheit. Aber wenn man bedenkt, dass unsere Verfassung nur auf dem Respekt vor der Freiheit des Einzelnen beruhen kann, dann muss die allgemeine Handlungsfreiheit vom System der Grundrechte vorausgesetzt sein.«

Realist: »Da haben wir es. Das moralische Urteil bestimmt die Auslegung.«

Kelsen (aus dem Ehrengrab): »Stimmt, das ist pompöser naturrechtlicher Unsinn.«

(Das Kind schläft.)

§ 91

Wegen der Aufmerksamkeit für Idealisierungen und deren Gefahren lässt sich das Kelsen'sche Projekt vor dem Hintergrund von zwei Grundentscheidungen verstehen.

Erstens zieht Kelsen eine scharfe Trennlinie zur Soziologie. Dies mag ein wenig paradox anmuten, weil Kelsen zu Recht einsieht, dass soziale Tatsachen nicht wären, was sie sind, wenn sie nicht immer schon interpretiert aufträten. Seine Abgrenzung betrifft indes eine erklärende Soziologie, etwa einen rechtsrealistischen Ansatz, der sich auf die behavioristische Korrelierung des Richterverhaltens mit Stimuli zurückzieht. In Kontrast zu einer Rechtstheorie, die sich als erklärende Soziologie versteht, insistiert Kelsen darauf, dass sich die Rechtswissenschaft, gerade weil sie Idealisierungen studiere und vollziehe, als »Normwissenschaft« verstehen müsse.

Normen selbst sind für Kelsen keine sozialen Fakten. Das Medium zur Deutung von Sachverhalten ist selbst kein Sachverhalt. Zwar beruht die Erzeugung von Rechtsnormen auf Akten der »Setzung«, die sich vermöge von Idealisierungen beschreiben lassen (»Dieser Akt gilt als verwaltungsbehördlicher Befehl«); sie selbst sind aber ideale Entitäten. Sie lassen sich weder auf psychische Erlebnisse noch auf nackte Fakten reduzieren. Sie existieren in der Sphäre, in der nach Frege, Rickert und Popper die Gedanken existieren, nämlich in der »dritten« Welt des Sinns (Rickert: einem »dritten Reich«), die sowohl von der »ersten« Welt der Tatsachen als auch der »zweiten« Welt der inneren Erlebnisse verschieden ist.

Zweitens tritt wegen der Notwendigkeit, den dritten Idealisierungsfehler zu vermeiden, zur Unterscheidung des rechtlichen Wissens von der Soziologie die Unterscheidung von der »Naturrechtslehre« hinzu. Unter »Naturrechtslehre« versteht Kelsen jede Form des rechtlichen Wissens, die keine Trennung von Recht und Moral vollzieht. Sie beruft sich auf Normen, die nicht gesetzt, sondern vorgeblich kraft Vernunft eingesehen werden. Die von Kelsen vertretene Sicht auf das rechtliche Wissen hat sich hingegen der »wertfreien Wissenschaft« verschrieben.

Das rechtliche Wissen und die seiner Möglichkeit gewidmete Theorie sollen also weder durch Faktizität noch durch Moralität überlagert oder verwirrt werden. Deswegen präsentiert Kelsen seine Theorie unter dem heute eher seltsam anmutenden Banner einer »reinen« Rechtslehre. Aber das tut nichts zur Sache. Der komische Name tut der Bedeutung seiner Lehre keinen Abbruch.

§ 92

Das Programm ist klar. Wie man in Umkehrung von Cohen sagen könnte, geht es um die Wiedergewinnung des transzendentalen Sinns. Während einer bestimmten Periode seiner Theorieentwicklung, in die auch die Erstveröffentlichung seines Werks *Reine Rechtslehre* (1934) fällt, präsentiert Kelsen sein Werk durchaus im Geiste des Kant'schen transzendentalphilosophischen Ansatzes. Wie die Kant'sche Erkenntnistheorie widmet sich Kelsens Rechtpositivismus der Rekonstruktion der a priori – also vor aller Erfahrung – gegebenen Bedingungen, unter denen das positive Recht ein Objekt von wertfreien wissenschaftlichen Beschreibungen sein kann. Ähnlich wie bei Kant sind die Bedingungen der Möglichkeit von Erfahrung auch die Bedingungen der Möglichkeit der Gegenstände der Erfahrung. Daher enthält Kelsens Theorie eine Konzeption der Rechtsnorm und der Funktion des Rechtssystems. Ähnlich wie bei Kant eignet Kelsens transzendentalem Ansatz ein starkes Element der Sinnkritik. Eine Erkenntnis vor aller Erfahrung (»a priori«) ist möglich nur insofern sie die Bedingungen betrifft, unter denen Erfahrung möglich ist. Es lassen sich keine Gehalte von jenseits der Erfahrung – nichts, was nicht von jemandem gesetzt worden ist – in eine solche Erkenntnis einschmuggeln. Für Kelsen bedeutet dies, dass sich ausschließlich über positives Recht und die apriorischen Bedingungen seiner Beschreibung sinnvolle Aussagen machen lassen.

Aufgrund von Kelsens Sinnkritik scheidet die moralische Idealisierung des Rechts ebenso aus wie übertriebene Vorstellungen von der Leistungsfähigkeit rechtlichen Wissens. Die Zurückweisung der ersten Idealisierung fällt bei Kelsen so radikal aus, dass sie auf die Konstruktion der Rechtsnorm durchschlägt. Sie wird, wie wir noch sehen werden (siehe unten § 98), als hypothetisches Urteil verstanden. Die Zurückweisung übertriebener dogmatischer Erkenntnisansprüche resultiert in der Ablehnung der »statischen« Einheit des Rechtssystems. Die Letztere ist manifest in der Idee, dass das gesamte Rechtssystem vom Geist fundamentaler inhaltlicher Prinzipien durchdrungen und womöglich an seiner Spitze an der Rechtsidee aufgehängt sei. Das Ergebnis dieser Abkehr von der statischen Einheit ist Kelsens Betonung der »Rechtsdynamik«, also des Umstands, dass das Recht regelt, wie bei der Rechtsanwendung neues Recht erzeugt wird. Beide sinnkritischen Strategien laufen an dem Punkt zusammen, an dem Kelsen alle Rechtsnormen als Ermächtigungsnormen versteht.

§ 93

In der Betonung des dynamischen Elements begegnet einem wieder Kelsens Grundoperation. Wo auch immer das rechtliche Wissen zu keinem eindeutigen Ergebnis gelangen und auch die Moral nicht weiterhelfen kann, ist davon auszugehen, dass das rechtsanwendende Organ über die Rechtsmacht verfügt, das unbestimmte Recht im Akt der Rechtsanwendung zu bestimmen.

Aber Kelsen geht im Rahmen des Studiums der Erzeugungsbedingungen des Rechts über die Grundoperation hinaus. Denn auch das gesetzwidrige Urteil und das verfassungswidrige Gesetz sind geltendes Recht. Sie sind es wenigstens unter der Bedingung, dass sie noch nicht aus dem Rechtsbestand ausgeschieden worden sind. Das Recht lässt nicht nur die korrekte Rechtsanwendung, sondern, obwohl bloß in Grenzen, auch die fehlerhafte Anwendung zu. Das ergibt sich implizit aus den Bestimmungen über Rechtsmittel. Die Gesetzgebung hat die Rechtsmacht, verfassungskonformes und verfassungswidriges Recht zu erlassen.

Zögling: »Die Rechtsauffassung der Richterin war einfach unhaltbar. Und jetzt wird ihr das vom Höchstgericht auch noch bestätigt!«

Wissender: »Das Recht bestimmt selbst, welches rechtliche Wissen zur Erzeugung von neuem Recht hinreicht. Dazu zählt auch fehlerhaftes Wissen.«

Auch hier beweist und bewährt sich Kelsens nüchterner Zugang. Zum Verständnis des Rechtssystems ist auf jene Normen zu achten, deren idealisierende Funktion erforderlich ist, um die Erzeugung von Rechtsnormen zu rekonstruieren. Jede Erzeugung beruht auf Entscheidungen, die sich durch andere Entscheidungen wieder aufheben lassen. Für Kelsen stellt sich das Rechtssystem als eine Verkettung von Entscheidungen dar.

Im Folgenden ist die klare Grenzziehung im Verhältnis zur Moral herauszustellen. Dazu bedarf es eines kleinen Exkurses zum britischen Positivismus. Daran anschließend soll die Radikalität des dynamischen Ansatzes ins Auge gefasst werden.

§ 94

Im Kapitel über den Rechtsrealismus ist die Frage offen geblieben, ob es eine von der Moral unabhängige Autorität des Rechts geben könne. Wie erinnerlich hatten die Rechtsrealisten eine solche Autorität verworfen (siehe oben § 76). Die Gründe, aus denen uns Rechtsnormen maßgeblich erscheinen, gehören zu den moralischen Handlungsgründen.

Nun hatten die klassischen Rechtspositivisten wie John Austin eigentlich schon einen guten Kandidaten für diese von der Moral verschiedene Autorität des Rechts: den Befehl.

Rechtsnormen sind Befehle.

Befehle unterscheiden sich von anderen Handlungsgründen dadurch, dass sie *ohne* Rücksicht auf ihre inhaltliche Begründung die Befolgung zumuten.

Denker: »Schließen sie augenblicklich das Buch!«

Leserin: »Wieso denn?«

Denker: »Ich habe gesagt, Sie sollen das Buch schließen!«

Leserin (zum Autor): »Na der ist arg, würden Sie den bitte aus Ihrem Werk streichen?«

Dem Befehl ist zu folgen, weil der Befehlende ihn angeordnet hat. Als Handlungsgrund ist der Befehl von seinem Inhalt unabhängig.

~~*Denker*~~

Gegen die Befehlstheorie des Rechts formulierte Hart einige hausbackene Einwände. Sie passe nicht aufs Gewohnheitsrecht. Außerdem werde sie mit dem Problem nicht fertig, dass wir es für absurd erachten würden, wenn die allerhöchsten Befehle des Kaisers bei dessen Tod erlöschen. Das wäre aber eine Implikation der Befehlstheorie.

Aus Kelsen'scher Sicht besteht das Problem der Befehlstheorie darin, dass sie zur Begründung der Autorität des Rechts von Sein auf Sollen schließt, also von einem Faktum unvermittelt auf eine Verbindlichkeit. Kelsens Sicht wird verständlich, wenn man sich vor Augen führt, dass nach Austin nicht jeder Befehl eine Rechtsnorm ist, sondern nur jene Befehle, die vom Souverän angeordnet werden. Souverän ist, wer niemandem anderen gehorchen muss und dem umgekehrt alle anderen gewohnheitsmäßig Folge leisten. Der Gehorsam erklärt sich daraus, dass der Souverän die Macht hat, Sanktionen zu verhängen. Aus Kelsen'scher Sicht schließt Austin aus dem Faktum der Souveränität auf die Verbindlichkeit des Rechts. Das ist ein Schluss von Sein auf Sollen. Nach Kelsen (und nicht nur nach diesem) ist ein solcher Schluss unzulässig.

§ 95

Die Befehlstheorie ist vom modernen Rechtspositivismus stiefmütterlich behandelt worden. Dies ist deswegen passiert, weil die modernen Rechtspositivisten die Verbindlichkeit des Rechts an die moralische Verbindlichkeit assimiliert haben. Sie meinen, dass Austin so verfährt: Der Souverän hat angeordnet. Die Anordnung gilt als Recht. Also hat man einen Grund, sich wie angeordnet zu verhalten. Dieser *Grund* ist von *derselben Qualität* wie andere Handlungsgründe. Entweder ich führe den Befehl aus oder gehe nach Hause und koche für die Kinder. Es ist dieselbe Qualität von Sollen im Spiel. Wenn ich den Befehl nicht ausführe, bin ich ein schlechtes Rechtssubjekt; wenn ich nicht für die Kinder koche, bin ich ein schlechter Vater.

Klarerweise muss, wenn man Befehle an das moralische Sollen assimiliert, die Autorität der Befehle auf tönernen Füßen stehen. Unbegründete Befehle des Machthabers versus das Wohl der Kinder: Es ist klar, wer den Kürzeren ziehen muss. Gleichwohl ignoriert diese Assimilierung der Verbindlichkeit des Rechts an die Verbindlichkeit der Moral, dass diese Verbindlichkeiten von unterschiedlicher Qualität sind, weil unterschiedliche Formen der Nötigung im Spiel sind.

§ 96

Im Idealfall sieht sich, wer mit einem Faktum konfrontiert ist, das einen Handlungsgrund abgibt, genötigt, wegen des Grundes zu handeln.

Zögling: »Ich finde es heroisch, dass Sie ins eiskalte Wasser gesprungen sind, um das ertrinkende Kind zu retten.«

Realist: »Nicht der Rede wert, ich konnte gar nicht anders.«

Würde man nachfragen, was die Nötigung auslöste, wäre die Antwort wohl:

Realist: »Kein Mensch kann in einer solchen Situation tatenlos zusehen.«

Kant erläuterte in diesem Sinne die Moralität als inneren Zwang oder als Selbstzwang. Die eigene Vernunft zwingt zum Handeln.

Die *innere Nötigung* durch moralische Gründe ist auch die Erklärung dafür, warum das Betteln funktioniert. Bettler rechnen strategisch mit den Verhaltensreaktionen guter Menschen. Sie sind Holmes' »bad men« auf dem Gebiet der Moral (woraus sich auch erklärt, warum man Bettlern moralisch ambivalent gegenübersteht).

Austin sieht die Verbindlichkeit des Rechts durch eine *äußere Nötigung* vermittelt. Die Sanktionsdrohung nötigt ebenso wie das Vorliegen eines moralischen Handlungsgrundes. Aber sie nötigt auch anders. Die Drohung tritt an die Stelle der Stimme der Vernunft.

Nietzsche: »Moral ist langer Zwang.«

Autor: »Ja, freilich, machen Sie es getrost noch komplizierter, Herr Nietzsche!«

§ 97

Eine solche Erklärung der Differenz des »Sollens« sind spätere britische Positivisten schuldig geblieben.

Hart hält das Recht für einen verbindlichen Verhaltensmaßstab, zumindest aus der Sicht der rechtsanwendenden Organe. Den Grund der Verbindlichkeit klärt er allerdings nicht auf und räumt der moralischen Überlegung schlussendlich Vorrang ein. Ob man Recht, das uns moralisch verwerflich dünkt, folgen müsse, sei eben moralisch zu beurteilen.

Wenn auch um einiges subtiler als Hart, bettet auch Joseph Raz die Autorität des Rechts in die Moral ein. Zunächst hält er fest, dass Rechtsnormen, die bloß moralische Gebote wiederholen, keine von der Moral verschiedene Autorität haben. Von allgemeinen moralischen Geboten seien Rechtsnormen nur dann verschieden, wenn sie ein Ausfluss von »praktischer Autorität« sind.

Eine Person oder Institution hat laut Raz praktische Autorität über mich, wenn ihre Anordnungen mir dazu verhelfen, das zu tun, was ich ohnedies tun soll, es aber gleichwohl besser ist, wenn ich nicht selbst ein diesbezügliches Urteil fälle, sondern dem Urteil der Autorität folge. Aufgrund dieser Auffassung, die das auf Autorität beruhende Anordnen als eine »Dienstleistung« versteht, besitzt das Recht nach Raz dann Autorität, wenn es auf überlegener Expertise beruht oder dazu verhilft, Probleme kollektiven Handelns zu lösen. Ob jemand – also auch das Rechtssystem – über Autorität verfügt, hängt aber ausschließlich davon ab, ob die Anordnungen dazu verhelfen, das zu tun, was man tun soll, und nicht auf einem Akt der Autorisierung. Jedenfalls bleibt auch bei Raz die hervorgehobene Stellung derjenigen, denen man folgt, weil sie es angeordnet haben, in der Moral verwurzelt. Eine von der Moral unabhängige Autorität gibt es auch seines Erachtens nicht.

§ 98

Kelsen schlägt eine an Austin gemahnende Strategie ein, die Autorität des Rechts – sein Sollen – von der Moral direkt anhand des Typus der Norm zu unterscheiden. Bei Kelsen handelt es sich um die Konstruktion der Rechtsnorm als, wie er es nennt, »hypothetisches Urteil«. Es lautet einfach, dass, wenn der Tatbestand der Norm erfüllt ist, die Rechtsfolge (die Sanktion) eintreten soll:

$$P \rightarrow Oq$$

Leserin: »Was soll daran originell sein? Das ist zum Gähnen langweilig!«

Der Witz der Konstruktion besteht darin, den Unterschied zum moralischen Sollen zu bezeichnen.

Supernanny (keifend): »Du sollst das jetzt tun, und wenn du das nicht tust, dann bist du ein missratener Mensch.«

Der Bulle von Tölz (mit starrem Blick, unbewegtem Gesicht, unbeteiligt und monoton): »Wenn die rechtsfolgenauslösende Bedingung erfüllt worden ist, dann soll eben die daran geknüpfte Folge realisiert werden. *(lächelt)* Jo mei, koa Grund zur Aufregung.«

Die Rechtsnorm spricht nicht einmal zu der Person, deren Verhalten sie reguliert. In dieser elementaren Form spricht sie zu gar niemandem. »Es« soll die Rechtsfolge eintreten oder die Sanktion verhängt werden. Alles Weitere regelt ein Bundesgesetz. Niemand wird in einem moralischen Sinn verpflichtet.

Kelsen will damit zum Ausdruck bringen, dass die Rechtsnorm per se keinen Handlungsgrund abgibt. Er offeriert damit eine Alternative zu Austins Befehl. Aber er geht auch über Austins Differenzierung der rechtlichen von der moralischen Verbindlichkeit hinaus. Bei Austin ist das in der Verbindlichkeit enthaltene Element der Nötigung im äußeren Verhältnis aufbewahrt. Der Souverän spricht, und alle erschaudern. So sieht die Macht des Gewissens aus, wenn sie nicht zu uns gehört, sondern von außen auf uns eindringt.

Nietzsche will das Wort ergreifen, aber der Autor kommt ihm zuvor und flüstert scharf: »Nein, jetzt nicht!«

Im Vergleich dazu klammert Kelsen das Sollen noch stärker ein. Es wird auf die Ebene der Notwendigkeit gehoben. Das zeigt sich daran, dass Kelsen die Analogie zur Kausalität zieht. So wie im Naturgesetz die Wirkung auf die Ursache folgen *muss*, so *muss* die Rechtsfolge auf die Erfüllung des Tatbestands folgen. Das erste Müssen ist ontisch, das zweite deontisch.

Autor (zur Leserin): »Mit ›ontisch‹ meint man, dass es um Seiendes geht, mit ›deontisch‹, dass es etwas über eine Verpflichtung aussagt.«

Im ersten Fall kann die Wirkung nicht nicht eintreten, im zweiten Fall muss die Wirkung eintreten, selbst wenn sie tatsächlich nie eintritt. Man kann das deontische Müssen an das ontische sogar assimilieren, indem man sagt, dass das normative Müssen einer Rechtsfolge die Wirkung der Erfüllung des Tatbestands ist.

§ 99

Der auf die Notwendigkeit reduzierte Begriff des Normativen kehrt im Frühwerk von Niklas Luhmann wieder. Nach Luhmann sind Erwartungen an das Verhalten anderer dann normativ, wenn an ihnen »kontrafaktisch« festgehalten wird. Auch im Enttäuschungsfall wird nicht lockergelassen. Man erwartet weiter, bis in alle Ewigkeit.

Bei Kelsen wird im nächsten Schritt gleichwohl das anonyme »Es soll« der Rechtsnorm aufgelöst. Die Norm spricht zum Rechtsanwender. Die Rechtsverletzung konstituiert eine Pflicht des Organs zur Sanktionsverhängung. Später wird Kelsen die Verpflichtung in eine Ermächtigung umdeuten (siehe unten § 100). Jedenfalls legen sich nach Kelsen die Adressaten eine sekundäre Norm zurecht. Aus der Sicht von Kelsens Theorie verhalten sie sich wie Holmes' »bad man« (siehe oben § 70). Sie richten ihr Verhalten im Lichte der Sanktionsdrohung ein.

> *Dichter*: »Indem ich eine Beziehung herstelle zwischen der Sanktion und meinem Wohlergehen, vereinzele ich mich. An die Stelle des ›Kein Mensch kann‹ tritt mein eigenes ›Ich kann nicht‹. Es ist das eigene Wohlergehen, das mich nötigt, die Sanktion zu vermeiden. Damit rechnet das Recht. Das Recht ist auch ein ›bad man‹.«

Auf den Grund der Geltung werden wir noch zurückkommen.

§ 100

Die statische Einheit des Rechtssystems wird durch den Zusammenhang zwischen Rechtssätzen und übergeordneten Prinzipien vermittelt. Statisch verstanden ließe sich eine Rechtsordnung, die an ihre Spitze die Menschenwürde als fundamentalen Wert stellt, als Inbegriff der Bedingungen deuten, unter denen dieser Fundamentalwert realisiert ist.

Wie erwähnt (siehe oben § 91) ist Kelsen viel zu methodenskeptisch, um sich auf eine solche Sichtweise einzulassen. Die Einheit des Rechtssystems, die sich seines Erachtens sinnvoll konstruieren lässt, ist dynamischer Art. Das Rechtssystem stellt sich als ein Erzeugungszusammenhang von Normen dar, die aufgrund von Entscheidungen gelten, in denen Normen sowohl angewendet als auch schöpferisch ergänzt werden. Kelsen dürfte davon ausgehen, dass sich, je konkreter das Recht im Durchgang durch die »Stufen« von Verfassung, Gesetz und Urteil wird, der Akzent mehr auf die Rechtsanwendung verlagert und der Anteil der Schöpfung geringer wird. Aber das gerichtliche Urteil ist in seiner Sicht seinem Wesen nach dasselbe wie Gesetzgeben, nämlich ein Ineinander von Anwendung und Schöpfung.

In seinem späteren Werk laufen die beiden Stränge der Entidealisierung – die Dynamik und die Unterscheidung vom moralischen Sollen – zusammen. Das geschieht in der Umdeutung der primären Rechtsnorm in eine Ermächtigungsnorm. Das normwidrige Verhalten aktiviert die Rechtsmacht des rechtsanwendenden Organs, eine Rechtsfolge zu verhängen. Die Sanktionsverhängung wird durch die Rechtsmacht eines anderen Organs garantiert, das dazu ermächtigt ist, das anwendende Organ zu disziplinieren, wenn es entgegen seiner Dienstpflicht keine Sanktion verhängt. Im Hintergrund dieser Sichtweise steht eine bemerkenswerte soziologische Prämisse. Das System ist genährt vom unbändigen menschlichen Willen, andere zu beherrschen oder sogar von der Freude an der Bosheit als solcher.

Wissender: »Kelsen war eben lange in Wien.«

Damit entsteht ein wunderbar düsteres Bild des Rechtssystems. Zunächst gibt es ein adressatenloses Sollen, das, um aus dem bloßen Sollen-Können herauszutreten, sich in eine Ermächtigungsnorm für die rechtsanwendenden Organe verwandelt. Das positive Recht ist von Unbestimmtheit durchsetzt, die nicht zuletzt durch die Unumgänglichkeit des Interpretierens erzeugt wird. Die Unbestimmtheit wird vermöge Kelsens Grundoperation umgewandelt in die Ermächtigung, innerhalb eines Interpretationsrahmens nach freiem Ermessen Recht zu setzen. Die gewählte Interpretationsmethode ist der Mummenschanz der persönlichen Moral oder der politischen Ideologie. Die Normen des positiven Rechts erfüllen nicht nur die Funktion, allgemeine Normen in konkreten Fällen zu realisieren; sie dienen auch dazu, Anwendungsfehler der Organe mit Rechtsgeltung auszustatten. Vor Willkür ist man nicht sicher. Auch kann das Recht aufgrund von Kelsens dynamischer Sicht nicht gebrochen werden. Denn jede Normwidrigkeit gibt Anlass zur Produktion von noch mehr Normen.

Der Unterschied zur Mentalität des Common Law könnte kaum größer sein. Dem Rechtssystem begegnet man in diesem Rechtsbereich mit der Erwartung, dass es mit der Gemeinschaftsmoral konsistent ist. Man geht daher davon aus, dass es die Sprache der Moral spricht und man seine Anliegen moralisch gehaltvoll artikulieren kann. Das Kelsen'sche Rechtssystem ist das glatte Gegenteil davon. Es mutet an wie das Regelwerk einer abgehobenen Behörde irgendwo an den Grenzen eines Reichs. Es existiert für Beamte, und diese halten sich durch Normen wechselseitig in Schach. Zu den »Rechtsunterworfenen« spricht das Recht nicht. Die gemeinen Leute sind nur insofern von Relevanz, als ihr Verhalten die Produktion von immer mehr Recht aus bereits vorhandenem Recht in Gang hält.

Während der Habsburgermonarchie hat wohl in Westgalizien das Verhältnis zwischen den imperialen Ämtern und einer der Amtssprache unkundigen Bevölkerung diesem Bild entsprochen. Das Kelsen'sche Rechtssystem ist die Universalisierung der kolonialen Situation Westgaliziens zur Idee des Rechts. Das Recht ist zutiefst fremd, zutiefst arrogant und zutiefst willküranfällig.

Dichter: »Kelsen hat tiefer ins Herz des Rechts geblickt als andere.«

Chorus Mysticum:

»Wir studieren das Recht
Nicht um zu sehen
Was wir bewundern sollen
Sondern
Um zu wissen
Wovor wir uns fürchten
Müssen.«

Zögling (klatscht begeistert in die Hände): »Goe-the, Goe-the, Goe-the!« *(Die Leserin verpasst ihm eine Ohrfeige; mit dem Knall geht das Licht aus).*

§ 102

Klassische Rechtspositivisten erklären die Rechtsgeltung unter Rekurs auf etwas Faktisches (die Anerkennung oder die Souveränität des Befehlenden), um den Unterschied zur Relevanz der moralischen Überlegung bezeichnen zu können. Kelsen stößt sich daran. Er hält ihnen entgegen, dass sie von Sein auf Sollen schließen.

Dieser Einwand versteht sich nicht von selbst. Denn die Pointe des rechtspositivistischen Ansatzes besteht gerade darin, die faktische Autoritätszumutung des Rechts zur Kenntnis zu nehmen. Die moralische Beurteilung der Geltung wird durch die faktische Durchsetzungsmacht verdrängt. Das Recht zeichnet sich durch eine mit Gewalt bewehrte moralische Borniertheit aus. Da gibt es nichts zu beschönigen.

Demgegenüber insistiert Kelsen darauf, dass bei der Begründung von Rechtsgeltung der Bereich des Normativen nicht verlassen werden dürfe. Die Geltung einer Norm könne nur aus einer anderen Norm abgeleitet werden.

Wer die Geltungsbegründung aus der Sicht des moralischen Urteils betrachtet, kann ihm nur zustimmen. Gleichwohl will Kelsen als Vertreter des Rechtspositivismus an der trennscharfen Unterscheidung von Rechtsgeltung und Moral festhalten und die moralische Überlegung als irrelevant ausschließen. Was will er eigentlich?

Sein Zugang wird verständlich, wenn man sich vor Augen hält, dass er zwei Formen des Reduktionismus aufs Korn nimmt.

Die *eingeschränkte Form* des Reduktionismus verankert den normativen Anspruch des positiven Rechts (»Du sollst«) zum Zweck der Geltungsbegründung in einem Faktum. Diese eingeschränkte Form begegnet uns im modernen britischen Positivismus. Wie wir im nächsten Kapitel sehen werden, sieht Hart die Kriterien der Rechtsgeltung in einer sozialen Regel begründet, löst aber die Verbindlichkeit der Normen nicht in etwas Faktisches (etwa vorhergesagte Reaktionen) auf. Das Faktische steht bloß am Anfang. Innerhalb des Rechtssystems spielt es keine Rolle mehr.

Die *umfassende Form* des Reduktionismus kennen wir bereits aus dem amerikanischen Rechtsrealismus. Er löst die Maßstabsfunktion von Normen in die Vorhersage oder bloße Beschreibung von faktischem Verhalten auf. Aus dem »Ihr sollt« wird ein »Wenn Ihr nicht tut, was ich Euch sage, dann werdet Ihr schon sehen, was ich Euch tun werde«. Oliver Wendell Holmes hat ihn berühmt gemacht:

The object of our study [...] is prediction, the prediction of the incidence of the public force through the instrumentality of the courts. (The path of the Law, *Harvard Law Review* 10 [1897], 457.)

Ein solcher Reduktionismus wird laut Kelsen dem Phänomen des Rechts überhaupt nicht gerecht.

Kelsen wendet sich aber auch gegen einen eingeschränkten Reduktionismus. Seines Erachtens sei es inkonsistent, die Rechtsgeltung in Faktischem zu verankern und dennoch das positive Recht als einen Verhaltensmaßstab betrachten zu wollen. Er meinte also, dass ein eingeschränkter Reduktionismus nicht möglich sei, weil er zwangsläufig auf einen umfassenden hinauslaufen müsse. Mit diesem gehe die Normativität des Rechts verloren. Das Recht selbst werde zum Verschwinden gebracht.

So will etwa die Imperativtheorie die Verbindlichkeit des Rechts in der Übermacht der höhergestellten Instanz verankern, ansonsten aber am normativen Charakter der Befehle festhalten. Nach Kelsen sei das unmöglich. Wenn die Autorität des Rechts im Faktum der Übermacht verankert werde, erschließe sich die Bedeutung auch eines einzelnen Befehls nur, indem man sich vor Augen hält, was der Souverän unter einer Nichtbefolgung verstehen (und ob er von dieser Kenntnis erhalten) würde. Was der Anordnende *de facto* als Nichtbefolgung erachte, entscheide darüber, was als Recht gelte. Der Souverän müsse sich nicht entgegenhalten lassen, dass er sprachliche Äußerungen in einem bestimmten – etwa alltagssprachlichen – Sinne zu verstehen habe. Seine Auffassung zähle. Die Imperative seien Wachs in seinen Händen. Die Rechtsgeltung reduziere sich für alle Normen auf ein soziales Faktum. Die normative Signifikanz des Rechts gehe verloren. Sie lässt sich nach Kelsen nur aufrechterhalten, indem man auch den Grund der Rechtsgeltung normativ fasst.

§ 103

Kelsens Alternative erschließt sich auf einfachem Weg. Wenn man den Stufenbau der Rechtserzeugung (Verfassung – Gesetz – Urteil) als Medium der Geltungsübertragung verwendet, stößt man irgendwann auf die historisch erste Verfassung. Woher leitet sich deren Geltung ab? Da Kelsen einen Schluss von Sein auf Sollen vermeiden will und daher nicht sagt, die historisch erste Verfassung sei einfach *de facto* in Kraft getreten, muss er deren Geltung aus einer weiteren Norm ableiten. Diese Norm kann aber keine Norm des positiven Rechts sein (wenn wir vom Völkerrecht einmal absehen). Diese nicht gesetzte, sondern eben bloß vorausgesetzte Norm nennt Kelsen die Grundnorm.

Den Gehalt der Grundnorm hat Kelsen unterschiedlich ausbuchstabiert. Die interessanteste Formulierung besagt, dass aufgrund der Grundnorm eine Rechtsordnung gilt, die im Großen und Ganzen wirksam ist.

Wie Kelsen zu dieser »Zauberformel der Rechtsgeltung« gelangt, erklärt sich aus der Funktion der Grundnorm, den Schluss von der sozialen Geltung auf die Rechtsgeltung zu vermitteln. In einem »sozialen« Sinn gelten Normen, wenn sie befolgt oder implementiert werden. »Im Großen und Ganzen wirksam« bezeichnet nichts anderes als die Ausdehnung der sozialen Geltung.

Die Bedingung »im Großen und Ganzen« klingt eher nach Wischiwaschi. Sie ist aber präzise und klug gewählt. Nach Kelsen würde eine Normenordnung, die immer und vollständig befolgt wird, nur zum Schein existieren. Wenn kein Verhalten als abweichendes Verhalten klassifiziert wird, dann gibt es auch keine Verbindlichkeit. Dasselbe gilt nach Kelsen für eine Normenordnung, die von niemandem beachtet wird. Auch sie hat keine soziale Geltung. Was sozial gilt, ist eben »im Großen und Ganzen« wirksam.

Kelsen will also mit der Grundnorm somit bloß die soziale Geltung des Rechts aus ihrer Binnenperspektive rekonstruieren. Sie manifestiert sich darin, dass die Menschen sich an Normen selbst orientieren und nicht an Vorhersagen über die Normverständnisse eines Machthabers. Insofern dient Kelsen die Grundnorm zur Beantwortung der Frage, wie rechtliches Wissen *als soziales Phänomen* möglich ist. Und diese Antwort wird ganz rechtspositivistisch gegeben, nämlich unter Rekurs auf die soziale Geltung, deren Bedeutung bloß durch die Grundnorm ermöglicht wird.

§ 104

Was ist der logische Status der Grundnorm? Ursprünglich bezeichnet Kelsen sie als eine »Denkvoraussetzung« oder »hypothetische Annahme«. Aber das klingt nach einem willkürlichen und – shocking! – faktischen Akt. Wie könnte die Geltung des Rechts davon abhängen, dass Rechtswissenschaftler sie voraussetzen?

Während der wohl bedeutendsten Phase seines wissenschaftlichen Werks (von den 1920er bis in die 1960er Jahre) wird die Grundnorm wiederholt als »transzendental-logische Voraussetzung« bezeichnet.

Das mag so tiefgründig wie unverständlich anmuten. Der Grundgedanke ist allerdings abermals einfach. Es gibt rechtliches Wissen, insbesondere in der Form von »Rechtsdogmatik«. Sie ist eine soziale Praxis rechtlichen Wissens, in deren Rahmen Normen nicht bloß als Indizien dafür genommen werden, wie Richter sich verhalten werden. Normen werden nicht auf Faktisches reduziert. Unter welcher Bedingung ist das möglich? Es ist nur möglich, wenn Normen auch als Maßstäbe gelten. Diese Geltung ist wiederum bloß aufgrund der Grundnorm möglich. Sie fungiert damit als eine Bedingung der Möglichkeit rechtlichen Wissens. Eine Bedingung der Möglichkeit von Erfahrung zu sein (in diesem Fall: der Erfahrung des positiven Rechts) zeichnet aus kantianischer Sicht eine »transzendental-logische Voraussetzung« aus.

Zögling (geduckt zur Leserin aufblickend): »So gesehen wird die Grundnorm ›immer schon‹ vorausgesetzt, sobald man über positives Recht spricht. Diese Voraussetzung ist kein psychischer Akt.«

Diese ambitionierte erkenntnistheoretische Lösung des Problems der Rechtsgeltung wird von Kelsen in seinem Spätwerk verworfen. Die Grundnorm gilt ihm nunmehr als Fiktion. Unter Anlehnung an die Philosophie von Hans Vaihinger bezeichnet er sie als eine echte Fiktion. Sie widerspricht nicht nur der Wirklichkeit, sondern ist auch in sich widersprüchlich.

Die Grundnorm steht im Widerspruch zur Wirklichkeit, weil sie keine Norm des positiven Rechts ist. Es gibt sie nicht. Sie ist in sich widersprüchlich, weil sie eine Autorisierung zur Rechtsetzung ausspricht und zum Zweck der Autorisierung eine noch höhere Autorität in Anspruch nehmen muss.

Unfreiwillig gibt Kelsen damit sein ambitioniertes Projekt preis. Als eine in sich widersprüchliche Fiktion verwandelt sich die Grundnorm in ein tiefsinniges Symbol für die Unbegründetheit des Rechts und die Grundlosigkeit der ihm gewidmeten Wissenschaft.

5. Abbau und Überwindung des modernen Rechtspositivismus

§ 105

Das Recht gäbe es nicht, wenn es nicht durch rechtliches Wissen vermittelt wäre. Das Urteil eines Gerichts könnte nicht sein, was es zu sein vorgibt, wenn es sich nicht auf die eine oder andere Art als eine Manifestation der Rechtsordnung ausgäbe. Ein solches Manifestieren wird durch Idealisierungen vermittelt. Der Spruch des Gerichts gilt *als* Urteil. Vollzogen werden solche Idealisierungen durch das rechtliche Wissen.

Der moderne Positivismus ist der Versuch, den Umfang von Idealisierungen auf jenes Maß zu reduzieren, das notwendig ist, um das Recht als eine Verkettung von Entscheidungen darzustellen. Die Idee, das Recht auf diese Art zu verstehen, entspringt dem Bemühen, überzogene Erwartungen an die Leistungsfähigkeit rechtlichen Wissens zurückzunehmen. Was sich nicht zweifelsfrei als Recht zu erkennen gibt, lässt sich wenigstens durch Entscheidungen als solches festlegen. Entscheidungsbefugnisse sind üblicherweise leichter zu bestimmen als das, was inhaltliche Entscheidungskriterien im Einzelfall fordern. Deswegen ist im modernen Rechtspositivismus die Ermächtigungsnorm von zentraler Bedeutung

Richterin: »Leibesvisitationen von Flugpassagieren verletzen die Menschenwürde nicht.«

Bernhard Schlink (aus dem Off): »Curia locuta, causa finita.« Der moderne Rechtspositivismus kommt dem Rechtsrealismus so weit entgegen, bis der interne Zusammenhang zwischen dem rechtlichen Wissen und der Verbindlichkeit des Rechts erklärt werden muss.

§ 106

In der angloamerikanischen Welt gilt H.L.A. Hart als der bedeutendste Vertreter des Rechtspositivismus im zwanzigsten Jahrhundert. Er ist *post mortem* von gar nicht wenigen zeitgenössischen englischsprachigen Rechtspositivisten zu ihrem Übervater erkoren worden. Manche haben es landauf und landab, von New Haven bis Oxford, zu ihrem Beruf gemacht, das Werk des Meisters gegen die »Fehlinterpretationen« von Uneingeweihten zu verteidigen. Mitunter wird es Hart als Verdienst angerechnet, jene Elemente der Theorie Kelsens weggelassen zu haben, die in der angloamerikanischen Welt deswegen als philosophisch verstiegen anmuten, weil sie ihren geistigen Ursprung außerhalb des englischen Sprachraums haben. Der dahinterstehende Hang zur intellektuellen Xenophobie verbirgt sich jovial hinter der Feststellung, Hart habe Kelsens Ansatz mit dem gesunden Menschenverstand versöhnt.

Mr. Smith (die Pfeife aus dem Mund nehmend): »You know, it's all common sense.«

Außerdem sagt man Hart eine Nähe zur Philosophie der normalen Sprache und zum späten Wittgenstein nach.

Wissender: »Wittgenstein!«

Zögling: »Ah ...«

Harts Werk ohne Umschweife dem modernen Rechtspositivismus zuzuordnen führt allerdings in die Irre. Bei Hart befindet sich der moderne Rechtspositivismus bereits im Abbau, weil er seinen kritischen Biss im Verhältnis zu überschwänglichen Wissensansprüchen der juristischen Disziplin einbüßt. Man darf den Briten keinen Vorwurf daraus machen, dass sie für diesen Umstand blind sind. Sie hatten kein Formalismusproblem, zumal ihnen das Projekt der Rechtwissenschaft an sich immer fremd blieb. Daher musste ihnen entgehen, dass der moderne Rechtspositivismus den Versuch darstellte, die Funktion und Leistung rechtlichen Wissens unter Bedingungen massiver Selbstkritik zu rekonstruieren. Dieser Nexus geht in Harts Spätpositivismus verloren.

§ 107

Weil sich in Harts Werk so gut wie keine Auseinandersetzung mit dem findet, was den modernen Rechtspositivismus auf den Plan gerufen hat, befindet sich dieser aufbewahrt in einem Zustand des Vergessenseins. Hart versteht Kelsens Probleme nicht. Deswegen mokiert er sich über dessen konstruktive Transformation der Rechtsnorm in eine Ermächtigung zur Sanktionsverhängung. Das mache doch keinen *common sense*. Die Welten könnten verschiedener nicht sein. Kelsen war davon ausgegangen, dass der *common sense* eine Quelle von rechtstheoretischem Unsinn ist. Bei Hart avanciert er zum Prüfstein aller Wahrheit.

§ 108

Für Hart ist das Recht ein System von (primären) Verhaltensregeln, deren Erzeugung und Anwendung von (sekundären) Verfahrensregeln bestimmt werden. Überhaupt gilt ihm das Rechtssystem als ein System von Regeln, so als ob das Rechtssystem eine Betriebsanleitung wäre. Der juristische Konstruktivismus fällt unter den Tisch. Deswegen fällt Harts Stellungnahme zu Interpretationsproblemen gar simpel aus. Die Regeln seien nicht immer klar. Es gebe eine »core area of plain meaning« und dann eine Grauzone, wo's nicht so klar sei. Das erinnert an Philipp Hecks »Begriffskern« und »Begriffshof«. Von Kelsens großartiger Einsicht, dass es wegen der Gleichwertigkeit von Interpretationsmethoden ein unaufhebbares Ineinander von Rechtsanwendung und Rechtsschöpfung gebe, fehlt jede Spur. Ebenso mangelt Hart jeder tiefere Sinn für die Differenz zwischen dem rechtlichen und dem moralischen Sollen. Vielmehr wird das Erste an das Letztere assimiliert und im Radbruch'schen Ernstfall der Moral subordiniert.

Bei Hart wird der Rechtspositivismus langatmig. Er nimmt Maß am Denken des Durchschnittsmenschen und wird herunterfrisiert auf eine unriskante Rechtstheorie. Harts Theorie bleibt dem praktischen rechtlichen Wissen ganz äußerlich.

Das erklärt aber auch, weswegen sich der Hart'sche Positivismus großer Beliebtheit erfreut. Er ist gediegen und harmlos. Er wühlt nicht auf und verstört nicht. So wie ich nichts Falsches sage, wenn ich auf die Frage, wer denn mein Lieblingskomponist sei, mit »Mozart« antworte, begehe ich als Jurist keinen Fauxpas, wenn ich mich zu Hart bekenne.

Die Richterin, der Zögling und der Wissende stehen im Kreis und geben eine Jokerkarte aneinander weiter.

Richterin: »Hart! Ah ...«

Zögling: »Wittgenstein! Ah ...«

Wissender: »Kant! Ah ...«

Auf die Spitze getrieben wurde diese Zähmung des Rechtspositivismus von Anhängern Harts wie Jules Coleman, die eine »inklusive« Version des Rechtspositivismus entwickelt haben. Ein solcher inklusiver Positivismus lässt Argumente, mit denen auf die moralische Richtigkeit abgezielt wird, als Rechtsquellen zu. Die Eigenschaft, eine Quelle zu sein, könne solchen Argumenten kraft positivrechtlicher Setzung zukommen:

Gesetzgebung: »Die Frage, wer die Obsorge über das gemeinsame Kind erhält, ist unter Berücksichtigung moralischer Prinzipien zu beurteilen.«

Die Rechtsquelleneigenschaft könne der Moral aber auch vermöge jener sozialen Konvention zuwachsen, mit der generell Rechtsquellen identifiziert werden.

Common Law: »Bei uns ist die Sozialmoral eine Rechtsquelle.«

In der Praxis rechtlichen Wissens reduziert sich damit der Unterschied zwischen dem Rechtspositivismus und seinen institutionalistischen und naturrechtlichen Widersachern auf Null.

§ 109

Natürlich findet man bei Hart auch subtile Analysen. In seinem 1961 erstmals erschienenen *The Concept of Law* entwickelt er unter anderem eine Alternative zu Kelsens Grundnorm. Er bezeichnet sie als »rule of recognition«.

Die rule of recognition ist keine vorausgesetzte Norm oder transzendental-logische Bedingung der Rechtserkenntnis. Sie manifestiert sich im Verhalten der rechtsanwendenden Organe. Diese ziehen die rule of recognition heran, um die Normen zu identifizieren, die innerhalb einer Rechtsordnung gelten.

Da die rule of recognition – gleich der Grundnorm – die letzte Norm im Stufenbau der Rechtserzeugung darstellt, stammt sie, was ihre Verbindlichkeit angeht, nicht von einer anderen Norm ab. Sie »gilt« nicht. Vielmehr *existiert* sie aufgrund ihrer *Akzeptanz* seitens der rechtsanwendenden Organe.

Diese Akzeptanz muss kein Ausdruck moralischer Approbation sein. Sie bedeutet bloß, dass die Organe wechselseitig diese Regel als den maßgeblichen Standard für die Identifikation von geltendem Recht betrachten. Die Relevanz der Regel manifestiert sich in ihrem Verhalten.

Richterin: »Wenn wir wissen wollen, ob ein Akt des Präsidenten gilt, dann sehen wir nach, ob die Verfassung ihn dazu ermächtigt, diesen Akt zu setzen.«

Für die Existenz von Rechtssystemen ist es nach Hart darüber hinaus unerheblich, ob die Rechtsadressaten die rule of recognition akzeptieren. Was sie betrifft, kommt es bloß auf den habituellen Gehorsam an.

§ 110

Schließt Hart nicht von Sein auf Sollen? Hart würde die *Relevanz* dieser Frage verneinen. Aus der Binnenperspektive eines Teilnehmers an juristischen Argumentationen wird die rule of recognition als maßgeblicher Standard herangezogen. Dass das Akzeptieren ein soziales Faktum ist, ist für die teilnehmende Identifikation geltender Normen unerheblich. Der Umstand, dass eine Gruppe von Menschen die rule of recognition akzeptiert, ist die Voraussetzung dafür, dass sich überhaupt Spielzüge im Spiel der Geltungsidentifikation vollziehen lassen. Mehr muss man nicht wissen. Man muss *bloß* wissen, dass es witzlos wäre, das Spiel zu spielen, wenn die Kontextbedingung der Akzeptanz entfiele.

§ 111

Wenn man Kelsens Grundnorm und Harts rule of recogniton einander äußerlich gegenüberstellt, könnte der Unterschied größer nicht sein.

Wissender: »Erläutern Sie den Unterschied zwischen Kelsens Grundnorm und Harts rule of recognition!«

Zögling: »Aber das weiß doch jedes Kind. – Kind?«

Kind: »Kelsens Grundnorm ist zumindest in ihrer ursprünglichen Formulierung eine gedachte Norm, während Harts rule or recognition eine sozial praktizierte Regel ist. Kelsen beschäftigt sich aufgrund seines ›Normativismus‹ bloß mit der internen Orientierung an einer Regel und nicht mit der externen Beschreibung des sozialen Faktums, dass eine Regel einen Maßstab abgibt.«

Wissender: »Tüchtig!«

Wenn man näher hinsieht, dann sagen Kelsen und Hart dasselbe.

Wissender: »Was?«

Hart erfasst den Sachverhalt vielleicht eine Spur deutlicher als Kelsen, verliert dafür aber die philosophische Dimension aus den Augen.

In Rechtsordnungen werden, *insofern* sie existieren und *damit* sie existieren können, Geltungsunterstellungen vollzogen. Rechtsnormen werden als Maßstäbe zur Beurteilung des Verhaltens herangezogen. De facto kann es eine Rechtsordnung nur geben, wenn die Geltungsunterstellungen von den Organen *gemeinsam* vollzogen werden. Das garantiert die rule of recognition, weil deren Anerkennung es ermöglicht, etwas als geltendes Recht zu identifizieren. Es ist nur zielführend, sich auf das Sprachspiel des Erhebens von juristischen Geltungsansprüchen einzulassen, wenn andere, denen gegenüber man Ansprüche erhebt, dieselben Geltungsunterstellungen ebenfalls vollziehen. Wenn diese Bedingung erfüllt ist, gibt es eine rule of recognition. Es wäre irreführend und verkehrt, diese pragmatische Gelingensbedingung als »hypothetische Voraussetzung« der Rechtsgeltung auszugeben. Hart sieht das richtig. Was Hart gleichwohl übersieht, ist die transzendentale Funktion des gemeinsamen Unterstellens. Kein rechtliches Wissen – und kein Behaupten — wäre möglich, würden die Geltungsunterstellungen nicht *notwendig* gemeinsam vollzogen.

§ 112

Eine Idee, die von so fundamentaler Bedeutung ist wie die rule of recognition, zieht zwangsläufig Kontroversen nach sich.

Eine solche Debatte ist durch Harts späte Behauptung ausgelöst worden, die rule of recognition sei eine soziale Konvention. Konventionen sind inhaltlich arbiträr, gestatten es aber, gute Ziele zu erreichen, wenn und solange sich alle Betroffenen an sie halten.

> *Wissender*: »Das Linksfahren oder das Rechtsfahren sind Beispiele für Konventionen ebenso wie der Gebrauch von Metallstücken oder Banknoten als Träger von Tauschwert.«

Unter der Bedingung, dass das Einhalten der Konvention es gestattet, ein gutes Ergebnis zu erzielen, ist es moralisch geboten, die Konvention zu beachten.

> *Zögling*: »Sobald die Konvention des Linksfahrens de facto in Kraft ist, ist es meine moralische Pflicht, mich konventionskonform zu verhalten, weil dies zur Vermeidung von Unfällen beiträgt.«
>
> *Realist*: »You got it.«

Wäre die rule of recognition in der Tat eine Konvention, dann wäre es den rechtsanwendenden Organen moralisch geboten, sie zu beachten, um Rechtssicherheit zu garantieren. Allerdings wäre diese moralische Pflicht abgeleitet von dem Gebot, Rechtssicherheit herzustellen. Dieses Gebot ist, wie wir bei Radbruch gesehen haben, nicht absolut. Der konventionelle Charakter der rule of recognition kann somit keinen zureichenden Grund der Rechtsgeltung abgeben.

§ 113

Die durch das Regelfolgen herzustellende Rechtssicherheit bietet den Schlüssel dazu, das Scheitern des modernen Rechtspositivismus zu begreifen. Auch in seiner späten Version stellt der moderne Rechtspositivismus Normen als Regeln in den Mittelpunkt. Das Recht besteht aus Regeln. Diese Ontologie des Rechts ist zutiefst fragwürdig.

Leserin: »Ontologie?«

Autor: »Ontologie ist die Lehre vom Seienden; von dem, was etwas ist, insofern es etwas und nicht nichts ist. ›Dinge‹ oder ›Sachverhalte‹ sind das übliche Inventar der Ontologie.«

§ 114

Rechtsregeln lassen sich entweder als eine Funktion von Handlungsgründen betrachten oder losgelöst von jeglicher handlungsbegründenden Kraft sehen.

Im ersten Fall lassen sich Regeln als eine Kombination von Gründen begreifen. Sie enthalten einen Grund, etwas in einer bestimmten Situation zu tun. Was allerdings über die Qualität der Regel den Ausschlag gibt, eben eine Regel und nicht *bloß* ein Grund zu sein, ist der Umstand, dass zu diesem Handlungsgrund ein weiterer Grund hinzutritt. Die Funktion dieses weiteren Grundes besteht darin, die Relevanz des Handlungsgrunds für die Handlungssituation zu sichern. Der weitere Grund verbietet es nämlich, den ersten Grund gegen andere Gründe abzuwägen. Raz hält in diesem Sinne fest, dass man dann mit einer Regel konfrontiert ist, wenn bereits vorentschieden worden ist, was man in einer bestimmten Situationen zu tun hat.

Mutter: »Bitte geben Sie mir doch kein Strafmandat. Ich bin in Eile, mein Kind hat sich aus der Wohnung ausgesperrt, und ich muss ihm die Tür öffnen.«

Polizistin: »Gesetz ist Gesetz. Sie haben die Höchstgeschwindigkeit überschritten.«

Diese Sichtweise auf Regeln hält deren Verwurzelung in der Moral aufrecht. Denn ob und inwieweit man bereit ist, Regeln als gleichsam »unerbittliche« Handlungsgründe zu akzeptieren, ist eine Frage des moralischen Urteils.

(Das Kind sitzt vor der Wohnungstür und liest amüsiert Kelsens »Hauptprobleme der Staatsrechtslehre«.)

Dieses Verständnis von Regeln ist von einem der bedeutendsten Rechtspositivisten, Joseph Raz, entwickelt worden. Generell sind Rechtspositivisten aber geneigt, einem Regelverständnis zu huldigen, das die Verbindung zu Handlungsgründen kappt. Das erklärt sich daraus, dass modernen Rechtspositivisten stets daran gelegen ist, die Normativität des Rechts unabhängig von der Moral zu konzipieren. Dieses Bestreben ist uns bereits beim Verständnis der Rechtsnorm als Befehl und bei Kelsens »Rechtssatz« begegnet.

Die Standardposition zur moralvermeidenden Konzeption von Verbindlichkeit begegnet uns in der Semantisierung von Normativität.

§ 115

Die Semantik beschäftigt sich mit der Bedeutung von sprachlichen Äußerungen und Ausdrücken.

Unter der Bedeutung kann man die Eigenschaften der bezeichneten Gegenstände verstehen (die »Intension« des Ausdrucks oder den »Begriffsinhalt«).

Richterin: »Was meinen Sie eigentlich mit ›Sau‹?«

Verurteilter: »Ein vierbeiniges weibliches Säugetier mit Rüssel und Ringelschwanz.«

Man redet von der »Bedeutung« eines Ausdrucks aber auch, um die Gegenstände zu bezeichnen, auf die er zutrifft.

Richterin: »Und wer ist ihrer Meinung nach ein ›Nazi‹?«

Verurteilter: »Jedes Mitglied der NSDAP.«

Die Pragmatik beschäftigt sich mit den Bedeutungsnuancen, die sich durch die Sprachverwendung ergeben, und mit den Handlungen, die durch den Gebrauch der Sprache vollzogen werden, den sogenannten »Sprechakten« (etwa dem Behaupten, Fragen, Entschuldigen etc.).

Richterin: »Im vorigen Kapitel wollten Sie also sagen, dass ich ein vierbeiniges weibliches Säugetier mit Rüssel und Ringelschwanz bin, das der NSDAP zugehört?«

Verurteilter: »Aber nein, das war ja nur ein Versuch, meine Liebe zu verbergen.«

Richterin: »Sie wollten mich also nicht beleidigen?«

Verurteilter: »Wo denken Sie hin, Frau Rat!«

Richterin (öffnet ihre Handtasche und nimmt eine Zigarette heraus, zündet diese an und beobachtet den aufsteigenden Rauch; mit mildem und dennoch gekränktem Blick zum Verurteilten): »Bist ja doch mein Bub.«

Sowohl die Semantik als auch die Pragmatik lassen sich rigide verstehen. Die Sprechakttheorie hat eine gewisse Tendenz dazu. Die Regeln der Sprache werden so gesehen, als ob sie unabhängig von der Intention des Äußernden und konventionell über die Bedeutung von Ausdrücken und sprachlichen Handlungen den Ausschlag geben.

Dahinter verbirgt sich, wie schon Jacques Derrida feststellte, eine »Juridifizierung« der Sprache. Bemerkenswerterweise handelt es sich um eine Rückprojektion der Sicherheit, die sich Rechtspositivisten von der Sprache erwarten, in diese selbst.

Generell haben Juristen eine furchtbare Neigung, die Sprache zu »verrechtlichen«. Sie inklinieren dazu, sie für ein konventionelles Regelsystem zu halten, das quasi mechanisch mit der Äußerung eine bestimmte Bedeutung transportiert.

Aber nun der Reihe nach.

§ 116

Auf die Semantisierung stößt man bei der Feststellung dessen, was als rechtlich verbindlich gilt. Die moralische Überlegung wird durch die Feststellung der Bedeutung von sprachlichen Ausdrücken substituiert.

Sprachliche Regeln geben den »richtigen« Gebrauch der Sprache vor. Sie sind normativ.

> *~~Denker~~*: »Wer einen Kanarienvogel als ›Sau‹ bezeichnet, macht einen Fehler.«
>
> *Autor*: »Wirst du still sein!«

Kraft der Semantisierung kann die Verbindlichkeit des Rechts sich von den Sprachregeln die Verbindlichkeit ausborgen.

> *Zögling*: »Sprache! Ah ...«

Eine Rechtsregel ist auf die Sachverhalte anwendbar, die in ihrem Tatbestand bezeichnet werden. Die Bedeutungsregeln für die korrekte Verwendung der Begriffe des Tatbestands sind sprachliche Normen.

> *Richterin*: »Das Verbot der Hausschweinhaltung gilt auch für Kanarienvögel.«
>
> *Wissender (außer sich und wild gestikulierend)*: »Eine Sau ist eine Sau und kein Kanarie. Ich lasse mir doch nicht ein X für ein U vormachen.«

Der moderne, im Zustand des Abbaus verharrende Rechtspositivismus findet in der Sprache nun jene moralunabhängige Normativität, die er immer schon gesucht hat. Als Regelsystem ist das Recht maßstäblich, wenn man den Sprachregeln zur Verwendung der Begriffe folgt, die in Rechtsregeln enthalten sind. Die Verbindlichkeit der Sprachregeln ist unabhängig von der Moral.

Zögling, Kind, Richterin, Mutter und Leserin (in einer Chorus Line rhythmisch, die Arme erhoben, mit den Fingern schnippend und wippend): »Eine Sau ist eine Sau ist eine Sau. Eine Sau ist eine Sau ist eine Sau.«

Warum ist das nicht das Happy End?

§ 117

Autor und Dichter an einem Weiher. Der Dichter liegt im Gras, die Beine aufgestellt, und raucht einen Joint. Der Autor springt auf.

Autor (zum Dichter): »Denk dir ein Beispiel aus.«

Dichter: »Aber denken ist so schwer.«

Autor: »Na komm.«

§ 118

Dichter: »Eine ortspolizeiliche Verordnung besagt: ›Keine Hunde im Park‹.«

Autor: »Danke!«

Die Verbindlichkeit einer ortspolizeilichen Verordnung, welche die Mitnahme von »Hunden« in einen Park verbietet, *manifestiert* sich daran, dass die Sprachregeln für den Begriff »Hund« die Anwendung der Verbotsnorm steuern.

Mutter: »Auch keine Blindenhunde? Damit würde man behinderte Menschen aus dem öffentlichen Raum ausschließen.«

Supernanny: »Unerhört!«

Bulle von Tölz: »Ahundisahundisahund.«

> *Zögling, Kind, Richterin, Mutter und Leserin sind plötzlich aus ihrer Ekstase gerissen und starren mit leerem Blick vor sich hin.*

Allein das Auftauchen der Frage, ob die ortspolizeiliche Verordnung auch auf Blindenhunde anzuwenden ist, belegt, dass das moralische Verständnis von Regeln nie gänzlich suspendiert ist. Selbstverständlich ist ein Blindenhund auch ein »Hund«. Dennoch sträubt sich etwas in uns, ihn in die Anwendung der Verordnung einzuschließen. Deswegen wird an diesem Punkt entweder die Semantisierung der Rechtsregeln wieder fallen gelassen und die Rechtsregel im Licht eines vernünftigen Ziels enger oder weiter interpretiert; oder aber es wird die durch unser moralisches Empfinden aufgeworfene Frage unter Rekurs auf eine Quelle beantwortet, etwa indem man fragt, was die Vertreter des Orts so im Sinn hatten, als sie die Verordnung erließen. Die entsprechenden historischen Nachforschungen stellen keine Anwendungen von bloßen Sprachregeln dar und sind mit mancherlei Schwierigkeiten behaftet. Jedenfalls führen sie die Vorstellung von der Rechtsnorm als Befehl in den Positivismus wieder ein und sind mit einem konventionellen Sprachverständnis schwer zu vereinbaren.

In beiden Fällen erweist sich die Semantisierung der Verbindlichkeit als kein aussichtsreicher Weg. Sie hat eher den Charakter eines Ablenkungsmanövers.

§ 119

Der Semantisierung der Verbindlichkeit liegt die Vorstellung zugrunde, dass die Rechtsregel – die Norm – ihre eigene Anwendung steuert. Wenn ein Hund vorbeikommt, schnappt die Verbotsnorm wie eine Falle zu.

Der Dichter sitzt mit ausgestreckten Beinen am Weiher und lächelt doof vor sich hin, während im Hintergrund ein Hund jault.

Diese Vorstellung ist aber abstrakt. Zum einen lässt sich die Bedeutung von Begriffen nur im Lichte von Situationen schärfen. Im Lichte von Situationen entdecken wir, was wir mit den Begriffen »wirklich« meinen.

Zögling (auf einer Parkbank sitzend den Blindenhund streichelnd): »Nein, bist kein normaler Hund, bist was ganz Besonderes.«

Dichter (wie in Trance): »Von der Fülle der Welt wird die Sprache zum Sprechen verführt.«

Zum anderen kann eine Rechtsnorm selbst nicht kontrollieren, ob sie für den Fall relevant ist. Dazu bedarf es des Vorverständnisses der Situation seitens des Interpreten.

§ 120

Der Erste, der diese hermeneutische Einsicht an den modernen Rechtspositivismus herangetragen hat, war Kelsens Schüler Fritz Sander.

Wie erinnerlich vollzieht sich die Geltungsübertragung bei Kelsen im Rahmen eines Stufenbaus. Die Anwendung der Norm höheren Rangs überträgt die Geltung auf die Norm niederen Rangs, wenn die Anwendung innerhalb des von der höheren Norm gezogenen Rahmens verbleibt.

Gesetz: »Wer eine fremde bewegliche Sache einem anderen mit dem Vorsatz wegnimmt, sich oder einen Dritten durch deren Zueignung unrechtmäßig zu bereichern, ist mit Freiheitsstrafe von bis zu sechs Monaten zu bestrafen.«

Richterin: »Ich verurteile Sie wegen Diebstahls zu einer Freiheitsstrafe von drei Monaten.«

Verurteilter (zu Richterin): »Du Nazi-Sau!«

Der Stufenbau ist hierarchisch. Die Determinationsbeziehung läuft linear von oben nach unten. Die höhere Norm sagt zur niederen: »Ja, du stammst von mir ab, mein Abkömmling bist du.«

Sander scheint verstanden zu haben, dass diese Vorstellung die *soziale Geltung*, auf der die Rechtsgeltung basiert, nicht zutreffend wiedergibt. Denn irgendjemand, der an den unteren Enden des Stufenbaus Geldstrafen verhängt oder die Drecksarbeit der Zwangsvollstreckung vollzieht, muss doch meinen, in der einen oder anderen Norm Deckung für sein Verhalten zu finden. Die Rechtsnormen geraten angesichts pragmatischer Rechtfertigungszwänge in den Blick.

Bombardierter Zivilist: »Warum trachtet Ihr mir nach dem Leben?«

UN Sicherheitsrat: »Weil deine Regierung drauf und dran ist, einen Völkermord zu begehen, und dieses Verhalten eine ›Bedrohung des Weltfriedens‹ darstellt. Deswegen haben wir Maßnahmen gegen dein Land ergriffen. We are sorry.«

Kind (zur Richterin): »Ich mag dein Kleid nicht.«

Richterin: »Das Recht auf Achtung meines Privatlebens gestattet es mir, in der Öffentlichkeit so zu erscheinen, wie ich es will, wenigstens solange ich nicht gegen den öffentlichen Anstand verstoße.«

Verfassungsgericht: »Aus dem Gleichheitssatz ergibt sich ein allgemeines, vergleichsunabhängiges Sachlichkeitsgebot.«

Normen werden effektiv nur deswegen, weil es Menschen gibt, die sie in bestimmter Weise verstehen und sie in diesem Verständnis zur Rechtfertigung ihres Verhaltens heranziehen. Die Bedeutungszuschreibung fängt sozusagen »von unten« an. Mit Sander ausgedrückt bedeutet dies, dass die Rechtsvoraussetzung eine solche nur *für* die – und aus der Perspektive der – Rechtsfolge ist. Sander hält fest:

Nicht nur B als Rechtsfolge wird an A als Rechtsvoraussetzung bestimmt, sondern auch in umgekehrter Richtung bestimmt sich A als Rechtsvoraussetzung an B als Rechtsfolge. A und B bestimmen sich wechselseitig [...]. (Fritz Sander, »Die transzendentale Methode der Rechtsphilosophie und der Begriff der Rechtserfahrung« (1920), in: *Die Rolle des Neukantianismus in der Reinen Rechtslehre*, hrsg. S.L. v. Paulson, Aalen 1988, 75–114, hier: 102–103.)

Dass es sich um eine Wechselbestimmung handelt, ist ein wesentlicher Punkt. Denn die Umkehrung der Hierarchie allein ergibt wieder bloß eine Hierarchie, wenn auch eine Hierarchie, die auf den Kopf gestellt wird.

Während das Grundverhältnis der rechtspositivistischen Hierarchie der blinde Gehorsam ist, ist das Grundverhältnis der sozialen Geltung die Rationalisierung.

Hierarchie: »Eine Sau ist eine Sau ist eine Sau.«

Zögling, Kind, Richterin, Mutter und Leserin geraten kurz wieder in Verzückung.

Umgekehrte Hierarchie: »Wer eine Sau ist, das bestimme ich.«

Die hierarchische Vorstellung ist zu naiv, um den Geltungstransfer zu begreifen. Die Umkehrung der Hierarchie ist hingegen frivol. Sie lässt willkürliche Festlegungen zu. Deswegen muss Sander von der Wechselbestimmung sprechen. Man kann sie als unendliches wechselseitiges Spiegeln begreifen. Es bedeutet, dass die angewendete Rechtsnorm den anwendenden Akt genauso bestimmt, wie der anwendende Akt die angewendete Rechtsnorm und beide dies zulassen, weil es ihnen angemessen und richtig erscheint.

Norm (zum Urteil): »Du bist mein Urteil, denn du hast verstanden, was ich will.«

Urteil (zur Norm): »Du bist meine Norm, denn du passt mir genau auf meinen Fall.«

§ 121

Was vermag zu garantieren, dass die Norm und das Urteil nicht aneinander vorbeireden? Hier ist Sanders Antwort (ebd.):

> A und B bestimmen sich wechselseitig, vielmehr werden sie wechselseitig in dem nach Gesetzen höherer Ordnung sich vollziehenden Verfahren bestimmt.

Es ist das nach »Gesetzen höherer Ordnung« sich vollziehende »souveräne« Rechtsverfahren, das die Übereinstimmung zwischen beiden herstellt.

Der Begriff des »Verfahrens« steht hier für die reale Rechtsdynamik der gesamten Rechtsordnung. Sie ist die umgreifende Totalität, welche den Handschlag zwischen der Norm (»Du bist mein Urteil«) und dem Urteil (»Du bist meine Norm«) garantiert.

Sander hebt den synthetischen Charakter des rechtlichen Wissens hervor. In starker Analogie zu Kants Vorstellung, dass im Urteil die sinnliche Anschauung und der begriffsbildende Verstand zusammenwirken, um unsere Erfahrung zu erweitern, hebt Sander den Zusammenhang zwischen »Rechtsempfindungen« und Rechtsnormen hervor. Was uns intuitiv als Recht oder Unrecht erscheinen mag, kann sich durch die Identifikation mit einer »Rechtsvoraussetzung« objektive Geltung verschaffen. Ob das geschieht oder nicht, ist eine historische Frage. Die Totalität, die das Zusammenpassen der Perspektive »von oben« und »von unten« garantiert, muss dafür vorausgesetzt werden. Sander stößt damit, ohne dies zu wissen, zum Verständnis des Rechts als objektivem Geist vor.

§ 122

Mit dem Ausdruck »objektiver Geist« ist gar nichts Hochtrabendes gemeint. Es geht um Einfaches, auf das einem der Blick verstellt ist. Das Recht ist nicht Norm. Es ist menschliche Praxis. Es ist eine Praxis des Urteilens, die auf Wissen vom Recht beruht. Dieses Wissen wird von Rechtsanwendern geteilt.

In seiner Auseinandersetzung mit Adolf Julius Merkl schlägt sich Sander ganz auf die Seite des objektiven, institutionell manifesten Geistes und verwirft den subjektiven Geist des individuell rechtlich Wissenden als unerheblich. Nur rechtliches Wissen, das sich innerhalb des Rechtssystems durchsetzt, kommuniziert auch Recht. Kelsen schreibt demgemäß über Sander:

> Es gibt keine echte Rechtswissenschaft, so wie ich sie behaupte, sondern nur ein Recht, aber das Recht selbst ist – eine Wissenschaft. (Hans Kelsen, »Rechtswissenschaft und Recht. Erledigung eines Versuchs zur Überwindung der ›Rechtsdogmatik‹« (1922), in: *Rolle des Neukantianismus*, 279–411, hier: 377.)

Wir werden darauf zurückkommen (siehe unten § 128).

§ 123

Sander hat damit vom Ansatz her jene Rechtstheorie vorweggenommen, die Niklas Luhmann sechzig bis siebzig Jahre später entwickeln sollte. Indem Sander gegenüber dem souveränen Erzeugungszusammenhang eine objektivierende (und keine performative) Einstellung einnimmt, präsentiert er eine soziologische Theorie des internen Verwobenseins von Recht und rechtlichem Wissen. Sie gleicht in mancherlei Hinsicht Luhmanns späterer soziologischer Rechtstheorie:

Leserin: »Was ist eine ›performative Einstellung‹?«

Autor: »Eine performative Einstellung nimmt ein, wer Geltungsansprüche ernst nimmt und diese etwa bezweifelt oder Begründungen verlangt. Gegenüber dem Recht nimmt man diese Einstellung ein, wenn man beispielsweise die Zweckmäßigkeit bestimmter Regeln diskutiert. Wenn man bloß feststellt, dass es diese oder jene Regel gibt, ist die Einstellung objektivierend.«

Kind: »Der Begriff stammt von Jürgen Habermas.«

Nach Luhmann besteht das Rechtssystem aus Kommunikationen. Diese sind an einer grundlegenden Unterscheidung orientiert. Es ist dies – Überraschung! – die Unterscheidung von Recht und Unrecht. Jegliche Kommunikation, die diese Unterscheidung (als »Code«) explizit oder implizit verwendet, ist Teil des Rechtssystems. Die Frage ist bloß, wie weit eine Kommunikation im System Anschluss findet.

Dichter: »Ich bin zu Unrecht arm.«

Mutter: »Sie haben keinen Grund zur Klage.«

Luhmann zählt zu den »Operationen« des Rechtssystems jene Kommunikationen, in denen Geltungsansprüche zur Frage erhoben werden, ob etwas Recht oder Unrecht ist. Operationen rekurrieren auf bereits vorher festgestelltes Recht. Wie bei Sander herrscht in dem Verhältnis von Vorher und Nachher keine Über- und Unterordnung. Luhmann spricht von »rekursiver Symmetrie« und gibt Sanders Einsicht eine noch deutlichere Fassung:

> Die Normqualität eines jeden Elements verdankt sich der Normqualität anderer Elemente, für die das gleiche gilt. Es kann also keine Normhierarchien geben. Auch zwischen Gesetz und richterlicher Entscheidung besteht, was Normativität angeht, ein strikt symmetrisches Verhältnis. Gesetze gelten als Normen nur, weil vorgesehen ist, dass sie in Entscheidungen angewandt werden, so wie diese Entscheidungen Situationen nur normieren können, weil dies in Gesetzen vorgesehen ist. Zwischen Regel und Anwendungsentscheidung besteht mithin, was Normativität angeht,

ein zirkuläres Verhältnis. (Niklas Luhmann, »Die Einheit des Rechtssystems«, in: *Rechttheorie* 14 [1983], 129–154, hier: 140.)

Luhmanns Rechtssystem besteht aus der Verknüpfung von perspektivischen Partialansichten des Rechts, die in einzelnen Operationen aufblitzen, aber niemals aus der Königsperspektive eines souveränen Zentrums gemacht werden können. Die wunderbar hierarchisch strukturierten Ansichten des Rechts, wie sie uns in Lehrbüchern begegnen, sind Vereinfachungen, in denen die Komplexität des tatsächlichen Geschehens zu Orientierungszwecken reduziert wird. Das rechtliche Wissen, das die Reproduktion des Rechtssystems speist, ist simpler als dieses selbst.

§ 124

Nach Luhmann ist das moderne Recht ein rekursiv geschlossenes System. Das bedeutet, dass das Recht nur aus Recht – und nicht aus Moral oder ökonomischen Zwängen – erzeugt werden kann. Das Recht, das zur Erzeugung von mehr Recht herangezogen wird, ist ein Produkt des Rechtssystems. Deswegen gilt Luhmann das Recht als ein »autopoietisches« System. Es erzeugt sich selbst aus sich selbst. Das zu erzeugende Element wählt aus, aus welchen erzeugten Elementen es sich erzeugen lässt. Das System ist daher auch unausweichlich zirkulär.

Kind: »Aber irgendwo muss es doch ein erstes Recht, ein Urrecht geben?«

Zögling: »Nein, ich glaube, es gibt immer nur einen Zirkel. Das Gesetz ist eine Norm, weil das Urteil sich darauf stützt. Das Urteil kann eine Norm sein, weil das Gesetz das Urteil deckt. Das Urteil ist also eine Norm, weil es sich auf ein Gesetz stützt, durch welches sich das Urteil decken lässt.«

Kind: »Aber wieso dieser Umweg? Wieso sagt das Urteil nicht gleich, was es in Wahrheit tut, nämlich dass es sich als Recht setzt.«

Zögling: »Das weiß ich nicht.«

(Der Wissende hat sich in sein Büro zurückgezogen und zieht nervös suchend den einen und anderen Band eines zwölfbändigen Luhmann-Lexikons aus dem Regal.)

Das unausweichlich zirkuläre System muss sich selbst voraussetzen, um sich ins Sein zu bringen und in diesem zu erhalten. Luhmann spricht in diesem Zusammenhang von der »Selbstimplifikation« des Systems. Zur Selektion der Elemente, aus denen es sich erzeugt, muss es das Rechtssystem geben.

§ 125

Die Selbstvoraussetzung des Systems ist elementar und implizit. Jede Operation des Systems stellt zwei Beobachtungen an. Die eine besagt, dass etwas geschehen ist, und die andere, dass das beobachtete Geschehen Recht oder Unrecht ist. Da die letztere Beobachtung die erstere beobachtet, bestehen Systeme aus Beobachtungen zweiter Ordnung oder, wie Luhmann auch sagt, aus »Beobachtungen von Beobachtungen«.

Kind (zum Dichter): »Du bist arm.«

Dichter (zum Publikum): »Das ist ein Unrecht!«

An solchen Beobachtungen manifestiert sich der Unterschied zwischen System und Umwelt. Die »Fremdreferenz« auf das, was als Recht oder Unrecht beobachtet wird, bezieht sich auf die Systemumwelt, die »Selbstreferenz« auf das System, das in der Bezugnahme auf Elemente impliziert ist.

Leserin: »Das ist aber viel Terminologie für einen nicht so umwerfenden Gedanken.«

Autor: »Das stimmt. Luhmann hat über vier Jahrzehnte seine Theorie immer wieder mit anderen Grundbegriffen konzipiert und neu aufgebaut. Zunächst standen System und Umwelt im Vordergrund, dann die Selbstreferenz und die Autopoiesis und schließlich die ›Kybernetik zweiter Ordnung‹, also das Beobachten von Beobachtungen. Wenn man Luhmann darstellt, muss man alle Perioden berücksichtigen. Das ist ziemlich nervig.«

Wenn die Systemidentität zum Thema wird, tritt die Unterscheidung zwischen dem Recht und dem von ihm Unterschiedenen in das Recht selbst ein. Das Recht thematisiert dann intern, was es von anderen Phänomenen unterscheidet.

Was dem Rechtssystem – qua Äquivalent der Sander'schen Totalität, die wir als objektiven Geist bezeichnet haben – Einheit verleiht, sind abermals bloß Differenzen. Was ist das Recht? Es ist nicht, was in seiner Umwelt passiert, und es ist nicht Kunst, Religion, Wirtschaft, Erziehung etc. Die Einheit des Systems gibt es nur als Differenz, und die Differenz überwindet nie die Negativität der schlechten Unendlichkeit.

Leserin: »Auweia, wo kommt denn das nun her?«

Autor: »Die Unendlichkeit ist schlecht, wenn man unendlich lange fortschreiten und nirgendwo stehen bleiben kann, weil eine Reihe ewig fortgeht. Das Recht ist immer bloß ›anders als‹ etwas anderes. Seinem Wesen nach ist es ein ›Nicht-Etwas-Anderes-Sein‹. Die Unendlichkeit ist gut, wenn etwas nicht von außen, sondern durch sich selbst – durch seinen Begriff – begrenzt ist.«

§ 126

Wie jedes andere System auch ist das Rechtssystem zirkulär konstituiert. Deswegen ist es nach Luhmann eine Quelle von »Paradoxien«. Die einfachste besagt, dass alles Recht Unrecht ist: *Summum ius, summa iniuria.*

Zögling: »Ich glaub', jetzt weiß ich's. Das Urteil sagt, dass etwas Recht ist, indem es sich ein Gesetz voraussetzt, durch welches es sich zum Rechtsprechen ermächtigt findet. Zu einem solchen Urteil kann der Verurteilte jederzeit sagen: ›Das ist Unrecht‹.«

Verurteilter (aus dem Off): »Du Nazi-Sau!«

Kind: »Wie hilft mir das jetzt beim Verstehen?«

Zögling: »Pass auf! Wir finden im System eine Operation, die einem Ereignis den Codewert ›Recht‹ zuteilt, und eine andere, die diese Zuteilung umdreht. Wenn wir davon abstrahieren, dass das Gericht eine höhere Autorität als der Verurteilte hat, erhalten wir eine Situation, in der es heißt ›Die Verurteilung des Verurteilten ist Recht und Unrecht‹ beziehungsweise ›Der Verurteilte ist zu Unrecht rechtmäßig verurteilt worden‹.«

Kind: »Und wie hilft mir *das* jetzt beim Verstehen?«

§ 127

Operationen des Rechtssystems setzen die Autorität ein, von der sie sich abhängig machen, und müssen gleichzeitig von dieser dazu ermächtigt sein. Zu keiner anderen Schlussfolgerung gelangte Kelsen, als er die Grundnorm als Fiktion bezeichnete (siehe oben § 104). Außerdem operiert das Recht selbstbezüglich, womit jederzeit der Code von Recht und Unrecht auf codierte Kommunikationen angewendet werden kann. Also kann die folgende Möglichkeit nie ausgeschlossen werden:

»Es ist Unrecht, dass das Recht ist.«

Wenn etwas Recht und Unrecht zugleich ist, dann produziert das Rechtssystem kein rechtliches Wissen mehr. Ohne dieses kann es aber kein Recht geben. Das System ist blockiert.

Zögling, Kind, Richterin, Mutter und Leserin stehen mit offenem Mund da und starren ins Leere.

Blockierungen des Rechtssystems können nur aufgelöst werden, indem man das Zugleichsein von Rechtsein und Unrechtsein beseitigt.

Dieses Zugleichsein ist eine Konsequenz der anfänglichen Unbestimmtheit der Codierung. Denn in einem hypothetischen Nullzustand ist es einerlei, welchen Codewert man wählt. Das System ist daher paradoxieanfällig, solange ihm die sogenannten Programme fehlen.

Programme regulieren die »richtige« Zuteilung der Codewerte. Sie können entweder konditional (»wenn, dann«) oder final (»realisiere x«) ausfallen und dienen der Entparadoxierung. Sie leisten dies, indem sie den Code in das von ihm Unterschiedene eintreten lassen. Sobald es Programme – Regeln – gibt, lassen sich die rechtmäßige und die unrechtmäßige Zuteilung der Codewerte voneinander unterscheiden. Das bedeutet nicht, dass mit der Schaffung von Programmen, welche die »Strukturen« des Systems darstellen, das Auftreten von Paradoxien verhütet wird. Sie lassen sich bloß mehr an den Rand drängen und insofern »invisibilisieren«.

Mit den Programmen kommt die Einheit des Systems, also der Code mit seinen zwei Seiten, im System vor, zumal die Programme die richtige Zuteilung der Codewerte festlegen. Auf der Innenseite dieser Einheit steht »Recht« und auf der »Außenseite« Unrecht.

Die Unterscheidung ist aber als Ganze das Markenzeichen des Rechtssystems. Insofern kennt sie *als* Unterscheidung noch eine weitere Außenseite. Diese kann sie nicht sehen. Nur die externen

Beobachter können das Rechtssystem darüber aufklären, was es nicht sieht, wenn es die Codewerte zuteilt.

Innen		Außen
Innen: »Recht«	Außen: »Unrecht«	

§ 128

Sowohl Kelsen als auch sein Schüler Adolf Julius Merkl empörten sich gegen Sander. Er lasse für jene Rechtswissenschaft keinen Platz, die nicht in die Operationen des Rechtssystems eingehe. Das rechtliche Wissen habe bloß im souveränen Erzeugungszusammenhang seinen Ort.

Merkl sah deutlich, dass das rechtliche Wissen prinzipiell in zwei verschiedenen Rechtssystemen manifest sein könne: In einem, dem die effektive Verkettung von zwangsbewehrten Entscheidungen immanent sei, und in einem anderen, das von der Rechtswissenschaft ohne Verstrickung in den Entscheidungsdruck entwickelt werde. Merkl erachtete das wahre Recht in der Wissenschaft angesiedelt, eine Auffassung, die er mit viel Pathos – und nicht mit rechtspositivistischer Nüchternheit – verteidigte. Das wahre Recht enthülle sich der Wissenschaft.

Gleich Sander sieht Luhmann das Rechtssystem durch rekursive Operationen vermittelt, die Recht produzieren, weil sie *real anschlussfähig* sind. Damit kehren beide zur Einsicht der Rechtsrealisten zurück, dass nur diejenige Entscheidung, von der zu vermuten ist, dass sie künftig relevant ist, zu den generellen Rechtsnormen gehört. Letztlich gilt das Prinzip der fatalen Verknüpfung.

Wenn der Positivismus überwunden ist, dann landen wir also wieder beim Rechtsrealismus.

§ 129

Dem Spätpositivismus ergeht es nicht besser. Er vertraut auf ein konventionalistisches Sprachbild. Begriffe sind demnach arbiträre Zuordnungen von Zeichen und Klassen von Gegenständen. Ihre Bedeutung ergibt sich aus dem Gebrauch. Der Gebrauch manifestiert sich an Konventionen.

Der Ausdruck »Sessel« wird in Österreich für etwas anderes verwendet als in Deutschland. Mit der Bedeutung wird man vertraut, indem man sich vornimmt, so zu sprechen, wie es alle anderen auch tun.

Wissender: »Wie sagt man in Deutschland zum ›Fauteuil‹?«
Zögling: »›Sessel‹.«
Wissender: »Und wie nennt man dort unseren ›Sessel‹?«
Zögling: »›Stuhl‹.«

Wenn man im Gebrauch der Konvention eine gewisse Sicherheit erworben hat, kann man es wagen, ihren Gebrauch in der ersten Person Plural zu explizieren.

Zögling: »Bei uns in Deutschland bezeichnet man ein breites und gepolstertes Sitzmöbel für eine Person als ›Sessel‹.«
Kind: »Aber du bist doch kein Deutscher.«

Pragmatisch zeichnen sich Konventionen durch zweierlei aus: Einerseits durch das Eintauchen in die Praxis vermittels vorsichtig tastenden Probierens und andererseits durch mutige Vorstöße, sein eigenes Verständnis der Praxis als die Praxis selbst auszugeben.

Auch sprachliche Regeln sind keine bloßen empirischen Regelmäßigkeiten.

Zögling (mit einer Drei-D-Brille vor einer Leinwand platziert, auf die nacheinander unterschiedliche Fotos von Schweinen projiziert werden): »Sau. Sau. Sau. Sau. Sau.«

Zwar sind nach spätpositivistischer Auffassung sprachliche Regeln an sozialen Praktiken manifest, das bedeutet aber nicht, dass sie sich in bloßen Regelmäßigkeiten erschöpfen. Zur Existenz der »Regel« gehört, wie Wittgenstein denkwürdig feststellte, die Möglichkeit des »Fehlermachens«.

Zögling: »Wittgenstein! Ah ...«

Wissender: »Weißt du überhaupt, dass deine Antwort falsch war? Es waren nur vier Säue.«

An der kritischen Einstellung, mit der man das eigene Verhalten und das Verhalten anderer beobachtet, manifestiert sich nach Hart die normative Dimension von Regeln. Wenn aber das Kriterium, auf das diese Einstellung rekurriert, nicht mit dem faktischen Verhalten zusammenfallen kann, weil sich solcherart die korrekte und die inkorrekte Sprachverwendung nicht unterscheiden ließen, ist es notwendig, eine begriffliche Vorstellung – eine »Konzeption« – der Regelbedeutung zu entwickeln. Es muss also ein Verständnis der Regel geben, das über die Aggregation einzelner Anwendungen hinausgeht. Ein solches Verständnis muss zeigen, weshalb es etwa sinnvoll ist, ein Ding als einen »Sessel« zu betrachten. Es hat Anhaltspunkte dafür zu entwickeln. Diese werden bei der Rechtfertigung der Wortverwendung ins Spiel gebracht.

Richterin: »Aber natürlich ist das ein ›Sessel‹, das Ding ist ja gepolstert.«

Es gibt keine Bedeutung ohne eine solche Rechtfertigungsmöglichkeit.

Indem eine Sprachpraxis eine Auffassung darüber entwickelt, was ihr Autorität verleiht, und sich unter Rekurs auf eine solche Auffassungen erneuert, gibt sie sich als »Geist« zu erkennen.

Zu dieser Einsicht ist der Positivismus nie vorgedrungen.

§ 130

Die semantisch vermittelte Verbindlichkeit des Rechts ist eine Ersatzkonstruktion. Sie verliert ihren Zauber, sobald man sich vor Augen hält, wie die Determinierung von Bedeutungen tatsächlich funktioniert.

Zunächst werden die semantischen Bindungsvorstellungen unter moralischen Vorzeichen problematisiert und gerechtfertigt.

Mutter: »Blindenhunde müssen doch in den Park dürfen. Sonst liefe das Hundeverbot auf ein Blindenverbot hinaus.«

Wissender: »Ein Hund ist ein Hund ist ein Hund. Wenn wir die Bindung an den Wortlaut aufgäben, wäre es sowohl mit der Steuerungsfunktion des Rechts als auch mit der Gewährleistung von Erwartungssicherheit nichts.«

Die semantische Verbindlichkeit erweist sich als moralisch vermittelt. Die Erstere wird von Rechtspositivisten bloß vorgeschoben, um ihr moralisch affirmatives Verhältnis zur Legalität zu verbergen. Sie wollen an die semantisierte Normativität glauben, weil sie der Rechtssicherheit einen hohen moralischen Wert beimessen.

Darüber hinausgehend zeigt sich an der Art und Weise, wie über die Grenzen der semantischen Bindung diskutiert wird, eine generelle Eigenschaft des Rechts, die von Positivisten ignoriert wird.

Das Recht besteht nicht nur aus Regeln.

Mutter: »Ein Hundeverbot, das auch für Blindenhunde gilt, würde Menschen ausgrenzen und diskriminieren. Eine Ausnahme für Blindenhunde zu machen würde die Rechtssicherheit nicht zu stark beeinträchtigen, weil sonst kaum

Fälle denkbar sind, in denen die Nutzung des Parks von den Diensten eines Hundes abhängt.«

Die Argumente für den Anwendungsbereich von Regeln rekurrieren selbst nicht auf Regeln. Sie nehmen vielmehr Prinzipien in Anspruch. Die Inklusion von Menschen in den öffentlichen Raum fungiert als ein Prinzip ebenso wie die Rechtssicherheit.

Wenn man eine Regel entgegen ihrem Wortlaut auslegt, um einem Prinzip zu genügen, ist die Wichtigkeit der Realisierung dieses Prinzips gegenüber der Rechtssicherheit abzuwägen. Daraus ist zu ersehen, dass im Gegensatz zu Regeln, die an sich in einer »Alles-oder-nichts«-Weise anzuwenden sind, Prinzipien sich durch die Dimension des Gewichts auszeichnen. Sie lenken eine Entscheidung in eine gewisse Richtung, ohne die Entscheidung deswegen zu erzwingen.

Ronald Dworkins Rechtstheorie, die sich als radikale Kritik des späten Rechtspositivismus versteht, hat mit dieser Beobachtung angesetzt. Er ist sofort dazu übergegangen zu erklären, dass Prinzipien nicht auf Setzungen beruhen, sondern dem weiteren moralischen Hintergrund des Rechts entstammen. So wird mit der Verabschiedung der Semantisierung der Geltung auch die strikte Unterscheidung von Recht und Moral zurückgewiesen.

6. Objektiver Geist

§ 131

Es gibt eine andere Positivismuskritik. Sie setzt nicht immanent an. Deswegen ist sie aber nicht minder stark. Dem Positivismus wird entgegengehalten, dass er das wirkliche rechtliche Wissen nicht verstehe. Der Einwand geht dahin, dass der Versuch des modernen Rechtspositivismus, die im realen rechtlichen Wissen vollzogene Unterstellung von Rechtsverbindlichkeit zu bewahren, dem Gehalt dieser Unterstellung nicht gerecht werde.

Das Recht wird als verbindlich erachtet. Der Positivismus rekonstruiert diese Einstellung im Sinne der Orientierung an einem System von Regeln. Darin liege ein Missverständnis. Die soziale Geltung des Rechts basiere nicht darauf, dass das Recht als Regelsystem aufgefasst werde.

§ 132

Man findet diese Form der Kritik zunächst bei Carl Schmitt. Sie ist niedergelegt in einem Pamphlet, das Schmitt 1934 veröffentlichte, um der Rechtserneuerung im nationalsozialistischen Deutschland den Weg zu weisen. Seine Schrift über »Die drei Arten des rechtswissenschaftlichen Denkens« ist deswegen mit Vorsicht zu genießen.

Verurteilter (aus dem Off): »Du Nazi-Sau!«

Richterin (ebenfalls auf dem Off): »Mund halten!«
Carl Schmitt war kein bloßer Mitläufer. Er war gewissermaßen ein »Vorläufer«. Nach der Machtergreifung stellte er sich sofort dem Nationalsozialismus als juristischer Apologet zur Verfügung und machte sich zu einem Wortführer der Neuorientierung der deutschen Rechtswissenschaft und Justiz. Dass er Anfang der 1940er Jahre mit der Partei in Konflikt geriet, steht auf einem anderen Blatt.

Intellektuelle, die wie Schmitt, Martin Heidegger oder Anton von Webern vom Nationalsozialismus fasziniert waren oder in diesem wenigstens ein Vehikel für ihr eigenes Fortkommen erblickten, litten nicht an einem plötzlichen Intelligenzverlust. Schmitts Abhandlung ist geistreich. Auch wenn sein Text eine tiefe Verbeugung vor der Bewegung und ihren Machthabern vollzieht und antisemitische Anspielungen enthält, ist er ein bedeutender Beitrag zur Rechtstheorie. Der von Schmitt vertretene Ansatz hatte einen früheren Vertreter in Maurice Hauriou und kennt spätere Repräsentanten wie Peter Häberle, Neil MacCormick und Ota Weinberger. Schmitts Text ist wegen der Originalität und des Scharfsinns der Begriffsbildung gleichwohl unübertroffen.

Verurteilter (zum Autor): »Du Nazi-Sau!«

§ 133

Ein kleiner untersetzter Mann betritt die Bühne. Im Vorbeigehen wirft er einen indignierten Blick auf den Verurteilten und tritt ans Rednerpult, um mit stark rollendem R zu deklamieren: »Jeder Jurist, der seiner Arbeit, bewusst oder unbewusst, einen Begriff von ›*Recht*‹ zugrunde legt, fasst dieses Recht entweder als eine *Regel*, oder als eine *Entscheidung*, oder als eine konkrete *Ordnung* und *Gestaltung* auf. Da-

> nach bestimmen sich die drei Arten des rechtswissenschaftlichen Denkens, die hier unterschieden werden.« (Carl Schmitt, *Über die drei Arten des rechtswissenschaflichen Denkens*, Hamburg 1934, 7)

§ 134

Wie so oft im Falle Schmitts ist der Text eine Kampfschrift. Der Rechtspositivismus ist der auserkorene Gegner.

Was Schmitt als einen Kritiker generell auszeichnet, ist der Umstand, dass er Positionen oder Institutionen, die als zusammenhängendes Ganzes auftreten, zu verstehen gibt, dass sie aus Heterogenem bestehen. Statt eins sind sie eins und zwei oder drei.

> *Mutter (zum weinenden Kind)*: »Wieso machst du denn so was? So kenne ich dich ja gar nicht. Das bist gar nicht du.«

Besonders deutlich findet man Schmitts Strategie in seiner Verfassungslehre ausgeprägt. Dort wird dem liberalen demokratischen Verfassungsstaat zu verstehen gegeben, dass er aus zwei heterogenen Elementen zusammengesetzt sei: einem rechtsstaatlichen und einem politischen. Der moderne demokratische Verfassungsstaat entpuppe sich somit als eine Mischverfassung, genauer als Mischung aristokratischer und demokratischer Elemente. In seiner Kritik an der Weimarer Reichsverfassung rechnet er dieser vor, dass sie ebenfalls aus verschiedenen Verfassungen bestehe. Neben die Verfassung des parlamentarischen »Gesetzgebungsstaates« trete unvermittelt jene des Maßnahmenstaates. Der Grundrechtsteil stehe überhaupt für eine »Gegenverfassung«.

Schmitt schlägt diese Strategie ein, um Entzweiungen zu diagnostizieren. Diese sind nicht nur politisch spürbar. Sie besitzen auch eine intellektuelle Dimension. Wenn man mit einer Entzweiung konfrontiert ist, dann gibt es nichts, was zwischen den heterogenen Elementen vermitteln könnte. Die Arrangements zwischen ihnen bleiben zufällig. Sie lassen sich weder begründen noch verstehen. Durch Vernunft lässt sich ihr Verhältnis zueinander nicht bestimmen.

Richterin (zum Verurteilten): »Ich weiß nie, woran ich bei dir bin. Du bist immer einmal so und dann wieder anders.«

Auf das Thema der Entzweiung werden wir im nächsten Kapitel zurückkommen.

§ 135

Der Rechtspositivismus präsentiert sich als eine kohärente rechtstheoretische Position. Nach Schmitt ist er aber in sich entzweit. Er besteht aus zwei Positionen. Schmitt bezeichnet diese als den »Normativismus« einerseits und den »Dezisionismus« andererseits. Für den Rechtspositivisten besteht das Recht aus Regeln. Daran manifestiert sich der Normativismus. Wenn bei der Entscheidung die Regeln ausgehen, dann folgt eine Ermessensentscheidung. Daran zeigt sich der Dezisionismus. Innerhalb des Ermessensspielraums kann es rechtlich betrachtet nur die reine Dezision geben. Diese ist eine juristische *creatio ex nihilo*.

Richterin: »Das Gesetz sieht einen Strafrahmen von fünf bis zehn Jahren Freiheitsstrafe vor. Ich gebe dir neun.«

Der Verurteilte sitzt geknebelt an einen Stuhl gefesselt. Sein gesamter Kopf ist mit einem Verband umwickelt. Als ob er Befreiungsversuche unternähme, rutscht er wild hin und her und wirft den Oberkörper nach vorn. Er ruft etwas, aber der Ruf wird durch den Knebel erstickt.

Dichter: »Diese Entscheidung ist ein Wunder.«

Bevor wir uns Schmitts Verständnis dieser beiden Positionen vor Augen führen, sei ein Vorgriff auf Dworkin gemacht. In der Charakterisierung des Rechtspositivismus gleichen Schmitt und

Dworkin einander bis aufs Haar. Dworkin rechnet dem Positivismus vor, dass er das Recht als Regelsystem verstehe. Diese Regeln seien auf eine »Alles-oder-nichts«-Weise anwendbar. Sobald die Regeln aber nichts mehr hergeben, komme es zur Ausübung von Ermessen. Dieses sei extern begrenzt, intern aber unbegrenzt. Das Ermessen sei wie »das Loch in einem ›doughnut‹«, nämlich ein normatives Nichts, das von einem Gürtel an Einschränkungen umgeben ist. Innerhalb des Gürtels herrsche vollständige Freiheit. Die Entscheidung gebiert sich wundersam aus einem begrenzten normativen Nichts.

§ 136

Schmitts Beginnen, den Rechtspositivismus als eine heterogene Kombination von Normativismus und Dezisionismus zu charakterisieren, ist nuancierter als Dworkins Rekonstruktion des rechtspositivistischen Glaubens an ein Regelsystem. Der Gehalt des Rechtspositivismus wird auf diese Weise besser erfasst.

Nach Schmitt besteht für Normativisten das Recht aus generellen Regeln. Diese Regeln gelten ohne Ansehen der Person. Ihre Allgemeinheit garantiert Unparteilichkeit und Unpersönlichkeit. Die Gesetze herrschen, nicht die Menschen. Richten bedeutet, diese Gesetze *sine ira et studio* anzuwenden.

> *Richterin*: »Als Mensch bin ich überflüssig. Ich bin eine Subsumtionsautomatin.«
>
> *Der Verurteilte ruft etwas in den Knebel hinein, das allerdings unverständlich bleibt.*

Im Universum des Normativismus gibt es keine persönliche Beziehung zwischen den Herrschenden und den Beherrschten. Es gibt nur die Norm und das konforme oder das abweichende Verhalten. Eine persönliche Treuebeziehung oder das Verhältnis von Führung und Gefolgschaft kommen nicht vor und dürfen nicht vorkommen, weil sonst die Unparteilichkeit und Unpersönlichkeit des Rechts infrage gestellt würde. Normativisten haben nach Schmitt auch eine bestimmte Vorstellung davon, was der Fall ist, wenn Ordnung herrscht. Es ist dies der fahrplanmäßig ablaufende Zugverkehr. Wenn alles nach Plan läuft, dann ist die Rechtsordnung in Ordnung. Es kommt nicht von ungefähr, dass die jüngste und letzte Frucht der positivistischen Rechtstheorie Scott Shapiros Planungstheorie des Rechts ist. Schmitt hatte dies schon 1934 antizipiert.

Die Ordnungsvorstellung der Dezisionisten ist davon radikal verschieden. Ordnung bedarf einer Macht, die aller Normierung vorausgeht. Hobbes' Souverän ist das Paradebeispiel dafür. Die Ordnung ist das Gegenteil von Unsicherheit und Chaos. Die Ordnungsmacht bietet Orientierung aufgrund von Befehlen, unabhängig davon, ob diese Befehle allgemeiner oder besonderer Art sind. Die paradigmatische Rechtsnorm ist die Entscheidung, nicht die Regel, die für eine Mehrzahl von Fällen durchgehalten wird. Die Entscheidung entstammt dem normativen Nichts. Im Verhältnis zum Chaos, das sie überwindet, ist sie ein Wunder.

§ 137

Weder Schmitt noch Dworkin meinen, dass die Vorstellung, das Recht bestehe aus kontingenten Kombinationen von Regeln und Entscheidungen – oder aus Gefügen von Bindung und Freiheit –, der Wirklichkeit rechtlichen Wissens angemessen ist. Sollte es dieser Wirklichkeit angemessen sein, dann würde es sich bei dem betreffenden Rechtssystem um eine Schwundstufe dessen handeln, was das Recht zu sein vermag.

An dieser Einschränkung, wonach es historische Annäherungen an den Normativismus und den Dezisionismus geben könne, zeigt sich, dass die Wirklichkeit rechtlichen Wissens teleologisch gefasst wird, also im Hinblick auf ein Ideal, dem es genügen könnte. Dieses Ideal ist nach Dworkin die hinreichende Rechtfertigung der Zwangsausübung. Selbstverständlich hängt die Qualität einer solchen Rechtfertigung von der Qualität der sie tragenden moralischen Argumente ab. Eine bloße Kombination von Bindung und Freiheit wird jedenfalls dann nicht überzeugen können, wenn es eine Alternative gibt, welche die Entscheidungsgründe besser artikuliert und transparenter darstellt als der Hinweis auf Regeln und Ermessen.

Laut Dworkin findet man diese Alternative immer schon in der Praxis der gerichtlichen Entscheidungsbegründung vor.

§ 138

Nach Dworkin gibt es in halbwegs gut funktionierenden Rechtssystemen keine Entscheidung im Schmitt'schen Sinne. Es darf diese auch nicht geben.

Entscheidung im Schmitt'schen Sinn: »Was ich will, muss akzeptiert werden, auch wenn mein Wollen arbiträr oder grundlos aussehen mag.«

Zur Untermauerung seiner Behauptung unterscheidet Dworkin drei Formen des Ermessens. Man begegnet erstens einem Ermessen im schwachen Sinne, insofern die Lösung einer praktischen Frage der Urteilskraft bedarf. Ob im Gewährleistungsrecht ein Mangel als »grob« gilt oder nicht, lässt sich erst aufgrund jahrelanger Erfahrung mit Mängeln aller Art beurteilen. Das Vermögen, aus dieser Erfahrung zu schöpfen, ist die Urteilskraft. Zweitens lässt sich von Ermessen in einem schwachen Sinne auch dann sprechen, wenn es gegen die Entscheidung eines Gerichts kein Rechtsmittel mehr gibt. Die Entscheidung ist dem Ermessen des Höchstgerichts anheimgestellt, weil es keiner Nachkontrolle unterliegt. Das bedeutet aber nicht, dass Höchstgerichte sich über Bindungen leichtfertig hinwegsetzen. Im Gegenteil werden sie aufgrund ihrer maßstabsetzenden Funktion im Verhältnis zu Untergerichten darum bemüht sein, die Rechtsgrundlage ihres Entscheidens so deutlich wie möglich auszuführen.

In beiden Fällen des schwachen Ermessens entfällt die Bindung nicht, auch wenn sie durch das schwer fassbare Medium der geschulten Urteilskraft vermittelt sein mag. Bloß ein normativ völlig ungebundenes Ermessen wäre ein Ermessen in einem starken Sinn. Diese dritte Form des Ermessens darf es nach Dworkin aber nicht geben.

§ 139

Die Analyse der Ausübung von Urteilskraft bei der Entscheidung stellt für Dworkin den Schlüssel zur Entwicklung einer glaubhaften Alternative zum Rechtspositivismus dar. Seine Überlegungen konvergieren auffällig mit dem, was Schmitt das »konkrete Ordnungs- und Gestaltungsdenken« nennt. In der Sache ist es wohl besser als »institutionelles Rechtsdenken« zu bezeichnen.

Dworkin demonstriert den gebundenen Charakter der Ausübung von Urteilskraft am Beispiel eines Wachtmeisters, der den Befehl erhält, fünf seiner »besten Leute« für einen Einsatz auszuwählen.

Für Außenstehende mag der Begriff der »besten Leute« unbestimmt sein. Er gibt von sich aus keine Kriterien zu erkennen. Dennoch zeigen sich diese Kriterien, wenn man das Problem der Auswahl in seinem konkreten institutionellen Kontext sieht. Es ist nicht unmöglich, mit dem Begriff der »besten Leute« etwas anzufangen, wenn man mit dem Militär vertraut ist. Wenn man die Bedürfnisse der militärischen Aktion kennt, kann man gemessen an der Aufgabe bestimmen, wer aufgrund seiner Erfahrung, seiner taktischen Klugheit, seiner Umsicht oder seiner Körperkraft zu den besten Leuten gehört.

Nichts anderes hat Carl Schmitt im Sinn, wenn er von »konkreten Rechtsbegriffen« spricht. Eines der Beispiele, das ihm vorschwebt, ist in der Tat das des »guten Soldaten«. Im Sinne der Tradition der europäischen Rechtswissenschaft wäre es wohl passender gewesen, an die Bedeutung des *bonus pater familias* als Maßfigur des sorgfältigen Verhaltens zu erinnern.

Der Verurteilte hängt regungslos in seinem Stuhl. Er ist noch immer gefesselt. Das Kind steht vor ihm und ist sichtlich unschlüssig, ob es ihn berühren soll. Aus dem Hintergrund vernimmt man die Stimme des Wissenden: »Ein guter Gefangener sitzt still.« *Darauf folgt schallendes, hysterisch gereiztes Gelächter.*

Um rechtliches Wissen produzieren zu können, muss man den institutionellen Kontext kennen. Das ist die Kernaussage des institutionellen Rechtsdenkens.

§ 140

Man sollte die Kategorie des »konkreten Rechtsbegriffs« nicht leichtfertig als rechtsradikale Torheit abtun, bloß weil sie von Schmitt im Jahre 1934 eingeführt worden ist. Die äußerliche Unbestimmtheit von Rechtsbegriffen ist allgegenwärtig. Man begegnet ihr bei den »guten Sitten«, bei »Treu und Glauben«, bei der »Gemeingefahr« oder der »menschlichen Würde«. Mit der Kategorie des konkreten Rechtsbegriffs soll die Erfahrung erfasst werden, dass die äußerliche Unbestimmtheit eines Begriffs unerheblich ist, sobald man als Teilnehmer an einem institutionellen Kontext Stellungnahmen aus der Perspektive der ersten Person Plural macht. Aus dieser Perspektive sieht man, worauf es ankommt. Weil aus ihrer Sicht das Geltende formuliert wird, entfällt meist die reflexive Verwendung des Personalpronomens. Es wird gesagt, was Sache ist, als ob dies von außen und unpersönlich beschrieben würde.

Dichter: »Bei uns. Hier. Wo wir leben. In unseren Breiten. Unter redlichen Kaufleuten. Es versteht sich von selbst.«

Wissender: »Es verletzt ›Treu und Glauben‹, wenn bei der Bestellung einer ›Stiege‹ das Stiegengeländer als nicht inbegriffen gilt.«

Um herauszufinden, was ein unbestimmter Rechtsbegriff bedeutet, bedarf es dessen, was Kant als die erweiterte Denkungsart bezeichnet hat. Die erste Person Plural entsteht aus der Einnahme von Positionen der zweiten Person Singular, denen unterstellt wird zu sehen, wie wir etwas aus der Sicht einer solchen ersten Person Plural sehen.

Zögling: »Wie würde es jemand sehen, der sehen will, wie wir alle es sehen würden?«

Das Verb, auf das es entscheidend ankommt, ist das des Sehens. Zunächst wird für den konkreten Rechtsbegriff kein Begriff im Sinne einer Liste von Kriterien entwickelt. Es kommt auf die Entwicklung einer *Anschauung* an, die sich aus Teilaspekten zusammensetzt. Die Anschauung selbst ist etwas Unbegriffliches. Gewiss wird die eine oder die andere Erwägung angestellt, aber wesentlich ist, dass diese Erwägungen zu einer Anschauung gehören. Sie ist das Ganze, aus dem sich die Relevanz der Erwägungen erklärt. Das Ganze ist etwas Unbestimmtes, durch welches die Einzelerwägungen zusammenwachsen.

Wissender: »Wer eine ›Stiege‹ bestellt, verbindet mit dem Objekt eine bestimmte Vorstellung. Nur in Ausnahmefällen, etwa bei den Treppen einer Burgwehr, würde das Geländer entfallen. Außerdem wäre es schon aus Sicherheitsgründen unsinnig, dem Auftraggeber zu unterstellen, eine Stiege ohne Geländer bestellen zu wollen. Dass dem Auftraggeber, was die Gestaltung des Geländers angeht, Auswahlmöglichkeiten zustehen, tut dem Umstand keinen Abbruch, dass bei der Bestellung der ›Stiege‹ das Geländer mitgemeint ist.«

Durch die Einnahme der Perspektive dessen, der sagt, was unsere Anschauung ist, wird implizites Wissen explizit gemacht. Es ist derart möglich, einen Begriff zu verwenden, ohne dessen Elemente abschließend zu bestimmen. Vielmehr kann man ihn anhand der Zusammenschau von Anwendungsfällen explizieren. Die Urteilskraft sucht das Allgemeine auf, indem sie von Besonderem zu Besonderem fortgeht und dabei das Allgemeine bestimmt, indem sie es in seiner Allgemeinheit begrifflich unbestimmt lässt. Sie gibt uns eine *Ansicht* des Allgemeinen im Besonderen, etwa durch einen Fallvergleich.

Die Richterin tritt vor den bewusstlosen Verurteilten und spreizt ihre Beine über den Stuhl. Sie zieht ihren Rock hoch und sagt zum Verurteilten: »Na?«

Einen der Standards, mit denen die Urteilskraft operiert, um zu bestimmen, wie wir die Dinge sehen, bezeichnet Dworkin als Prinzipien. Diese haben Gewicht (siehe oben § 130). Wie groß dieses ist, ist von der jeweiligen Situation abhängig. Es zeigt sich in dieser Situation. Carl Schmitt würde das genauso sehen.

Die unabweisbare Relevanz von Prinzipien indiziert nach Dworkin zweierlei. Das Recht ist kein Regelsystem. In schwierigen Fällen zeigt sich wegen der Relevanz von Prinzipienargumenten, dass das Recht in die Moral eingebettet ist.

§ 141

In seinem frühen Werk unterscheidet Dworkin zwischen Prinzipien und politischen Zielen. Prinzipien begründen Rechte und somit das, was Individuen geschuldet ist. Politische Ziele sind nicht individualisiert. Es handelt sich um aggregierte Größen. Aus ihnen ergibt sich kein Rechtsanspruch.

Politiker: »Wir brauchen Eliteuniversitäten, flexibilisierte Arbeitsmärkte und offene Grenzen.«

Laut Dworkin sind Prinzipien Trumpfkarten, die im Rahmen von Abwägungen die politischen Ziele in der Regel ausstechen. Um zu sehen, weshalb politische Ziele schwächer als Rechte sind, muss man einfach versuchen, sie in Rechte umzuformulieren. Man sieht dann sofort, dass sie zu schwach sind, um einen gerichtlich durchsetzbaren Anspruch zu begründen.

Zögling: »Ich habe das Recht auf einen Hochschulabschluss.«

Wissender: »Das ist ein äußerst schwaches Recht; so schwach, dass es eigentlich kein Recht ist. Denn einerseits ist es nicht positivrechtlich verbürgt und andererseits muss zu seiner Realisierung der Gesetzgebung viel Gestaltungsspielraum zugestanden werden. Du kannst nicht einfach vor Gericht gehen und dein Doktordiplom einklagen.«

Beim vorgeblichen Recht auf den Hochschulabschluss handelt es sich also um ein politisches Ziel.

§ 142

Wie kein anderer Rechtstheoretiker vor oder nach ihm stellt Dworkin die moralisch fundierte »Theorie« ins Zentrum des rechtlichen Wissens. Seines Erachtens müssen die Existenz eines Rechts und dessen Schwellengewicht gegenüber anderen Rechten oder politischen Zielen im Rahmen einer »Theorie der Rechte« bestimmt werden.

Deswegen beruht die Geltung des Rechts bei Dworkin nicht auf einer sozialen Regel, sondern auf mannigfaltigen Theorien, die sich de facto weitestgehend überlappen. Als soziale Institution funktioniert das Rechtssystem wie ein Bündel von Parallelmeinungen (»concurring opinions«).

Eine Theorie der Rechte ist nach Dworkin in jeder Begründung eines Rechtsanspruchs implizit vorausgesetzt. Was ihre Ausarbeitung betrifft, ist Dworkin prinzipiell aufgeschlossen. Es ist denkbar, eine solche Theorie auf utilitaristischer oder deontologischer Grundlage auszuarbeiten.

Autor: »Utilitaristische Theorien stellen auf die Gesamtbilanz der Erfüllung von Präferenzen ab. Ist diese unter der Annahme eines individuellen Rechts positiv, dann soll es dieses Recht geben. Deontologische Theorien hingegen fragen, welcher Umgang den Menschen geschuldet ist – ohne Rücksicht darauf, ob damit die Nutzenbilanz positiv oder negativ beeinflusst wird.«

Dworkin selbst hat in seinem früheren Werk eine Theorie entwickelt, die ein Fundamentalrecht auf gleichen Respekt und Sorge in den Mittelpunkt stellt. Erst in seinem Spätwerk durfte die Menschenwürde diesen Platz einnehmen.

§ 143

Eine Theorie der Rechte hat nach Dworkin mit wenigstens zwei Unterscheidungen zu arbeiten.

Die eine Unterscheidung betrifft abstrakte und konkrete Rechte. Abstrakt sind Rechte in der Form, in der sie uns etwa in einer Grundrechtscharta begegnen. Konkret sind Rechte hingegen dann, wenn sie bereits für bestimmte Fallkonstellationen im Verhältnis zu öffentlichen Interessen ihrem Umfang und Gehalt nach ausbuchstabiert worden sind.

Richterin: »Das Tragen eines Gesichtsschleiers zum Zwecke der Signalisierung der Zugehörigkeit zu einer religiösen oder ethnischen Gruppe ist an sich vom Grundrecht auf den Schutz des Privatlebens und von der Bekenntnisfreiheit umfasst. Seine Pflicht, die Ausübung dieses Rechts zu

> schützen, verletzt der Gesetzgeber allerdings nicht, wenn er es zulässt, dass Arbeitgeber die Abnahme des Gesichtsschleiers verlangen dürfen, um einen vertrauensvollen Kundenkontakt zu ermöglichen.«

Bedeutender ist die andere Unterscheidung. Sie betrifft institutionelle Rechte und moralische Hintergrundrechte. Die Ersteren sind entweder gesetzlich festgelegt oder in der Rechtsprechung anerkannt. Die Letzteren sind in einer Theorie der Rechte enthalten, die angibt, welche Rechte die Menschen haben, weil es moralisch geboten ist, dass sie diese haben sollen.

Die institutionellen Rechte haben mehr Gewicht als die moralischen Hintergrundrechte.

§ 144

Wieso eigentlich? Wieso ist nicht davon auszugehen, dass die Rechte der Allgemeinen Erklärung der Menschenrechte selbst dann anzuwenden sind, wenn die Verfassung eines Landes diese Rechte nur teilweise anerkennt? Wenn eine Theorie der Rechte zu dem Schluss kommt, dass die Rechte der Allgemeinen Erklärung genau jene Rechte sind, die allen Menschen zukommen sollen, dann sollen diese Rechte überall geschützt werden. Was spricht dagegen?

Um die Frage beantworten zu können, ob die moralische Theorie der Rechte allein den Ausschlag darüber geben soll, welche Rechte wir genießen können, ist die Theorie der Rechte um eine Theorie des Rechts überhaupt zu ergänzen. Nur eine solche Theorie vermag zu erklären, weshalb das positive Recht relevant ist und den Anwendungsbereich des moralisch Gesollten einzuschränken vermag.

Nach Dworkin ist die Relevanz des positiven Rechts zum einen darin begründet, dass das Recht die Antwort auf die Frage ist, unter welchen Bedingungen jemand zu einem Verhalten gezwungen werden darf. Die potenziell mit einem Zwangsakt konfrontierten Personen müssen die Zwangsverhängung vorhersehen können. Die Norm, die mit Zwang durchgesetzt wird, darf nicht im Moment ihrer Durchsetzung einfach erfunden werden. Nun verhält es sich nach Dworkin in der Tat so, dass die Existenz eines Rechts auch dann feststeht, wenn es aufgrund moralischer Einsicht geschützt werden soll. Aber die moralische Einsicht ist nicht immer unkontrovers. Deswegen muss man sich ans positive Recht halten. Es schafft eine gewisse Rechtssicherheit. Außerdem realisiert das positive Recht moralisch signifikante Forderungen, etwa jene nach demokratischer Selbstbestimmung und politischer Beteiligung. Es gibt also gute moralische Gründe dafür, das positive Recht zu beachten.

Diese sind aber nicht die einzigen Gründe, weshalb sich die Entscheidung von Rechtsfragen nach Dworkin nicht einfach auf eine moralisch gehaltvolle Theorie der Rechte stützen darf. Nach Dworkin ist man politisch verpflichtet, dem positiven Recht zu folgen, vermöge seiner Zugehörigkeit zu einer Gemeinschaft. Diese Pflicht ist ein Unterfall »assoziativer Verpflichtungen«, die aufgrund von Kooperation (etwa unter Kollegen) oder einer Nahebeziehung (etwa zwischen Freunden) entstehen. Wir geraten in sie, ohne etwas explizit versprochen zu haben.

§ 145

Die Theorie des Rechts schreibt der Theorie der Rechte also vor, auf das positive Recht einer bestimmten Gemeinschaft passen zu müssen. Die Begründung von einzelnen Rechtsansprüchen erhält damit zwei Dimensionen: Die Dimension des »Passens« in dem Sinne, dass eine moralisch gehaltvolle Begründung und Ausdeutung von Rechten mit dem positiven Rechtsmaterial kompatibel sein muss, und die Dimension der moralischen Idealisierung, aufgrund deren die Anstrengung unternommen werden muss, dem positiven Recht die bestmögliche moralische Rechtfertigung zu verleihen. Diese Rechtfertigung wird deswegen kulturspezifisch ausfallen müssen. Alle Theorien der Rechte und alle Theorien des Rechts sind nach Dworkin partikular.

Die Forderung nach der bestmöglichen Rechtfertigung klingt nach der blanken Apologie des Bestehenden. Der Grundgedanke ist aber verständlich. Es geht um die Rechtfertigung des Zwangs. Diese muss sich ans positive Recht halten. Aus der moralischen Rechtfertigungsforderung folgt allerdings, dass dem positiven Recht, soweit dies möglich ist, das moralisch bestmögliche Aussehen zu verleihen ist. Sonst würde die Rechtfertigung misslingen.

In diesem Zusammenhang ist auch Dworkins Insistieren auf die eine »richtige Antwort« zu sehen. Auf die Frage, ob jemand ein Recht hat, kann es nur eine Antwort geben. Und diese Antwort muss aus der Sicht beider Theorien inhaltlich korrekt sein. Es wäre frivol, wenn einem Verurteilten erklärt würde, es sei eine Frage des Glücks, ob er verurteilt werde oder nicht, oder dass dies von den Launen der Richterin abhänge. In einem solchen Fall würde die Rechtfertigungsaufgabe nicht erfüllt werden.

Der Vorhang geht auf. Man erblickt einen kahlen fensterlosen Raum, der von Neonlicht schwach beleuchtet wird. In der Mitte der Wand prangt die mit Schablone aufgetragene Aufschrift »suum cuique retribuere«. *Die Richterin tritt aus dem Dunkel und stellt sich vor den Verurteilten, der in der rechten Ecke des Raumes liegt. Er trägt nach wie vor einen Verband um den Kopf, der verschiedentlich Blutflecken aufweist. Richterin*: »Das ist die einzig richtige Antwort.«

Nach Dworkin hat aus der Sicht der Theorie des Rechts diejenige Theorie der Rechte die größere Überzeugungskraft, die besser auf das vorhandene Rechtsmaterial passt.

Aber dieses »Passen« kann nie vollständig sein, vor allem nicht im Bereich des Common Law. Denn das Common Law hat die Eigenschaft, sich durch die Akkumulation von Vorentscheidungen zu ähnlich gelagerten Fällen periodisch selbst zu verunklaren. Es wird so gut wie unmöglich, den sachlich angemessenen Präzedenzfall zu finden. Außerdem sind manche Vorentscheidungen mit anderen nicht zu vereinbaren. Sie müssen als Fehler identifiziert und aus dem Recht ausgeschieden werden. Wie groß die Toleranzmarge ist, ist eine Frage der Theorie des Rechts und der Theorie der Rechte.

§ 146

Wir sind bei der Diskussion von konkreten Rechtsbegriffen dabei stehen geblieben, dass die Entscheidungsfindung in Anschauungen über das richtige Verhalten in einen institutionellen Kontext eingebettet ist. Solche Anschauungen betreffen etwa den fairen Umgang der Vertragspartner untereinander oder die Vorgehensweise der Polizei bei einem Verhör. Zur Artikulation dieser Verständnisse spielen Standards von Gewicht eine große Rolle.

Anschauungen sind aber keine Begriffe. Bei Anschauungen kann man auch nicht stehen bleiben. Denn der Punkt, an dem der die gemeinsame Anschauung vermittelnde Gemeinsinn ausläuft, ist schnell erreicht. Die Ebene des intuitiven Urteils muss dann verlassen und in die diskursive Begriffsbildung eingetreten werden.

Dworkin erklärt auch dies an einem instruktiven Beispiel. Ein Schachspielschiedsrichter ist mit der Frage konfrontiert, ob es die Etikette des Schachspiels verletzt, wenn ein Spieler den anderen mit seinem penetranten blöden Grinsen irritiert. Um diese Frage, für die es keine explizite Regel gibt, beantworten zu können, muss der Schiedsrichter eine »Konzeption« des Schachspiels entwickeln. Zu diesem Behuf muss er sich die Frage stellen, welche menschlichen Fähigkeiten über den Spielerfolg den Ausschlag geben sollen. Soll bloß die kühle Intelligenz zählen oder auch die Nervenkraft und ein gewisses Manipulationsvermögen? Wie auch immer die Antwort des Schiedsrichters ausfallen mag, er wird einen Begriff des Schachspiels zu entwickeln haben, der klarer und spezifischer ist als die zuvor geteilten Anschauungen. Dieser Begriff wird in die Arbeit der Institution selbst eingehen, weil er es gestattet, eine Lücke im Regelsystem zu schließen. Der Begriff des Ganzen – seines Sinns und Zwecks – geht in das Ganze ein, indem er dazu verhilft, einen Teil des Ganzen zu ergänzen. Das Ganze entwickelt vermittels der Teilnehmer an einer Praxis eine Auffassung über sich selbst und darüber, was ihm Autorität verschafft.

So ähnlich – und ohne implizite Anspielungen auf die deutsche Philosophie – stellt Dworkin dies in seinem frühen Werk dar. Später wird er denselben Sachverhalt als »konstruktive Interpretation« präsentieren. Eine Interpretation dieser Art enthält ein schöpferisches Element. Sie unterstellt ihrem Gegenstand einen Zweck und bemüht sich darum, ihn im Lichte dieses Zwecks besonders gut aussehen zu lassen. Dworkin behauptet sogar, durch sie solle der Gegenstand als der beste seiner Art dargestellt werden.

§ 147

Vor diesem Hintergrund versteht Dworkin das Recht als einen selbstreflexiven Interpretationsprozess. Das Recht operiert auf der Grundlage einer Interpretation, die es über sich selbst entwickelt. Es entpuppt sich somit als objektiver Geist.

Die Institution ist, was sie ist, indem sie ihren Sinn deutet und diese Deutung der institutionellen Praxis zugrunde legt. Sie begreift sich und entwickelt einen Begriff davon, was ihr Autorität verschafft. Das Schachbeispiel zeigt, dass die Objektivierung des Geistes vom Ansatz her bereits dann vollzogen wird, wenn der Schachspielschiedsrichter die Lücke im Reglement schließt, nachdem er über den Sinn und Zweck des kompetitiven Spiels reflektiert hat. Der weitere institutionelle Vollzug des Spiels beruht auf einer Auffassung, die das Spiel vermittels des Schiedsrichters über sich selbst entwickelt hat.

Nichts anderes vollzieht die Theorie der Rechte, von der vorhin die Rede war, im Verhältnis zum positiven Recht. Die Dimension der moralischen Idealisierung entspringt der konstruktiven Interpretationsanstrengung, vermöge deren dem positiven Recht ein moralisch ansprechendes Aussehen verschafft werden soll. Letztlich ist auch die Theorie des Rechts überhaupt nichts anderes als eine konstruktive Selbstinterpretation der Praxis des juristischen Problemlösens. In ihr kommt der objektive Geist völlig zu sich selbst.

§ 148

Für eine solche konstruktive Selbstinterpretation der Rechtspraxis im Ganzen unterscheidet Dworkin drei Kandidaten: den Konventionalismus, der Dworkins Name für den späten Positivismus ist, den Pragmatismus, der Dworkins Name für den amerikanischen Rechtsrealismus ist, und seine eigene Konzeption des »Rechts als Integrität«. Nach eingehender Analyse findet Dworkin, dass weder der Konventionalismus noch der Pragmatismus auf die Rechtspraxis passen. In diesem Zusammenhang kehren seine Argumente gegen das Ermessen im starken Sinn und für die Relevanz des positiven Rechts wieder.

Die Grundidee von »Recht als Integrität« ist ein aus dem Recht auf gleichen Respekt und gleicher Sorge sich ergebendes allgemeines Gleichbehandlungsgebot. Aus diesem Gebot folgt nach Dworkin, das positive Recht sei so auszulegen, dass es in einem in sich zusammenhängenden Schema von Prinzipien fundiert zu sein erscheint.

Da die Entwicklung eines solchen Schemas übermenschlicher intellektueller Kapazitäten bedarf, nimmt Dworkin einen übermenschlichen Richter namens »Herkules« an, der zur Ausführung dieser Aufgabe in der Lage ist. Wenn Herkules sie beendet hat, stelle das Recht ein kohärentes System dar, das die Zufälligkeit der Anwendung von Regeln auf Sachverhalte ausschließe. Es spreche mit derselben Stimme zu allen und lasse sich als Ausdruck eines Gemeinwillens verstehen:

> [Integrity] [...] requires government to speak with one voice, to act in a principled and coherent manner toward all its citizens, to extend to everyone the substantive standards of justice and fairness it uses for some.
>
> According to law as integrity propositions of law are true if they figure in or follow from the principles of justice, fairness, and procedural due process that provide the best constructive interpretation of the community's legal practice.
>
> [A] Citizen cannot treat himself as the author of a collection of laws that are inconsistent in principle, nor can he see that collection as sponsored by any Rousseauian general will. (Ronald Dworkin, *Law's Empire*, Cambridge, Mass. 1986, 165, 225, 198.)

§ 149

Dworkins frühe Überlegungen zum Verhältnis von Regeln und Prinzipien haben in der deutschsprachigen Rechtstheorie eine produktive Weiterentwicklung erfahren. Zu nennen ist hier vor allem Robert Alexy, der die Theorie der Prinzipien modifiziert und in den Kontext der Habermas'schen Diskurstheorie umgebettet hat.

Nach Alexy sind Prinzipien Optimierungsgebote, über deren relativen Vorrang in Abwägungen zu entscheiden ist. Abwägungen unterstehen einem formalen Gebot. Ein Prinzip muss gegenüber einem anderen nur dann zurückweichen, wenn die Wichtigkeit der Realisierung des Letzteren größer ist als die Intensität der Beeinträchtigung des Ersteren.

Alexy (zum Autor): »Das kann man präziser fassen, Herr Somek: Je höher der Grad der Nichterfüllung oder Beeinträchtigung des einen Prinzips ist, umso größer muss die Wichtigkeit der Erfüllung des anderen sein.«

Abwägungsentscheidungen beruhen im Idealfall auf praktischen Diskursen. Diese sind Verfahren der argumentativen Normenbegründung. Sie zeichnen sich durch herrschaftsfreie, ungezwungene Kommunikation aus. Die an der Kommunikation Beteiligten lassen sich gänzlich uneitel einzig vom Interesse an der Verständigung über die richtige Lösung leiten.

Die von Alexy für die juristische Argumentation fruchtbar gemachte Diskurstheorie ist von Jürgen Habermas entwickelt worden. Aus seinem Umkreis stammt auch der Einwand gegen die Alexy'sche These, wonach der juristische Diskurs einen Sonderfall des allgemeinen praktischen Diskurses darstelle. Nach Klaus Günther seien juristische Diskurse als Anwendungsdiskurse zu begreifen. Deren Pointe sei nicht die Begründung oder Verwerfung von Normen. Sie liege vielmehr in der Bestimmung ihres angemessenen Anwendungsbereichs.

§ 150

Der Raum von vorhin. Eine Reinigungskraft kehrt den Boden auf. Ansonsten ist der Raum leer. Beim Aufkehren flattert ein Stück Verband auf.

7. Entzweiung

§ 151

Kind: »Mama, ich bin so traurig.«
Mutter: »Aber wieso denn?«
Kind: »Ich kann mich nicht entscheiden.«
Mutter: »Sei doch froh! So bleibst du ein guter Mensch. Wer nichts entscheidet, macht auch nichts falsch.«

§ 152

Nach Dworkin wird die Autorität des Rechts durch jene Prinzipien vermittelt, vermöge deren den geltenden Gesetzen und Vorentscheidungen das bestmögliche moralische Aus- und Ansehen verliehen werden kann. Wenn man dies in der Sprache der deutschen Rechtswissenschaft ausdrückt, dann bedeutet dies, dass die Rechtsgeltung durch jene »Werte« vermittelt wird, welche das Recht im Inneren zusammenhalten (man nennt sie auch das »innere System« des Rechts).

Wissender (zum Zögling): »Die Abschlussfreiheit – also das Recht, autonom darüber zu entscheiden, mit wem man worüber welchen Vertrag abschließt – realisiert das Prinzip der Privatautonomie. Aber dieses Prinzip gilt nicht unbegrenzt. Es findet sein Gegengewicht in der Forderung, wonach die Versorgung mit wichtigen Gütern allgemein sicherzustellen ist. Die Wahlfreiheit wird daher beschränkt, wenn jemand etwa der einzige Anbieter eines solchen wichtigen Gutes ist. Gemessen an der Wichtigkeit und Verfügbarkeit des Gutes ist der Anbieter dann entweder verpflichtet, das Gut zu veräußern bzw. zugänglich zu machen, oder mit einem Verbot belegt, zwischen den Nachfragenden unsachlich zu differenzieren. Eine Diskriminierung aufgrund von Rasse, Geschlecht oder sexueller Orientierung wäre unsachlich. Wir erhalten also ein Schema von drei Prinzipien. Hier die Privatautonomie, dort das Versorgungsprinzip und ein Diskriminierungsverbot in der Mitte.«

Zögling: »Das Recht besitzt Integrität, wenn dieses Schema ohne unsachliche Ausnahmen durchgehalten wird, was etwa der Fall wäre, wenn Diskriminierungsverbote nur für den Zugang zum Arbeitsmarkt, aber nicht für die Gestaltung des Arbeitsverhältnisses selbst gälten.«

Wissender: »So ist es!«

Ein solches Schema lässt sich nur ausarbeiten, wenn es für Abwägungsfragen eine richtige Lösung gibt. Nur unter dieser Bedingung kann es begründete und stabile Beziehungen zwischen Prinzipien geben.

Wissender: »Gäbe es die richtige Antwort nicht, dann bliebe es dem Zufall überlassen, ob die Gestaltung des Arbeitsverhältnisses selbst auch dem Diskriminierungsschutz unterliegen muss. Das Schema würde zerfallen.«

Die Dworkin'sche Theorie enthält somit die Idee eines positiven Systems rechtlichen Wissens. Dieses ist positiv, insofern es auf alle Abgrenzungsfragen eine zufriedenstellende Antwort bietet. Die Antwort fällt nie im dem Sinne negativ aus, dass sie ausbleibt.

Kind: »Ich weiß nicht, was richtig ist.«

§ 153

Gegen die Vorstellung, ein solches positives System sei möglich, lassen sich Einwände erheben. Sie setzen an dem Punkt an, an dem sie am verwundbarsten ist, nämlich bei der Überzeugung, es könne und müsse eine moralisch richtige Antwort auf die Frage geben, welche Rechtsregel in welchem Typ von Fall anzuwenden ist. Ein solches System wäre nicht möglich, wenn es auf diese Frage keine Antwort gäbe. Die relativen Vorrangbeziehungen zwischen den Prinzipien (»in diesen Fällen die Privatautonomie, in jenen das Versorgungsprinzip«) blieben unbestimmt.

Das System (oder Dworkins »Schema«) ist nichts anderes als ein Geflecht von solchen Vorrangbeziehungen.

Dworkin hat zeit seines Lebens die Auffassung verteidigt, wonach es auf moralische Fragen objektiv richtige Antworten gebe. Daher gebe es auf die Frage, welche Rechtsregel anzuwenden sei, eine moralisch richtige Antwort.

Kritiker müssen den Glauben an moralische Objektivität gar nicht bestreiten, um Zweifel anzumelden, ob es notwendig und zielführend ist, das Rechtssystem in der moralischen Richtigkeit zu verankern. Jeremy Waldron hat zu Recht hervorgehoben, dass es selbst dann, wenn es eine richtige Antwort geben könne oder müsse, diese de facto unklar sei, weil die Angelegenheit kontrovers bleibe. Es sei nicht undenkbar, dass moralische Fragen kontrovers beurteilt würden. Dies sei sogar zu erwarten, zumal – anders als in den Erfahrungswissenschaften – auch die Verfahren zur Gewinnung wahrer Aussagen kontrovers seien. Immerhin gebe es unterschiedliche Schulen der Moralphilosophie und die Gegensätze zwischen diesen Schulen seien beharrlich. Deswegen ist man nach Waldron besser beraten, nicht die inhaltlich richtige Antwort auf eine moralische Frage, sondern das Bestehen einer

Entscheidungsbefugnis ins Zentrum einer Theorie des Rechts zu stellen.

Wenn der Ehrgeiz, das moralisch richtige Urteil zu finden, die richterliche Entscheidungsfindung bestimmt, kann die Rechtssicherheit Schaden nehmen. Im Bereich des Common Law zerfleddern die Entscheidungsbegründungen in mannigfaltige Parallelmeinungen, in denen Richterinnen ihren eigenwilligen Auffassungen von Richtigkeit huldigen.

§ 154

Die Dworkin'sche Sicht ist für die Komplexität moralischer Probleme blind. Deswegen ignoriert sie etwa das Phänomen der Inkommensurabilität.

Zwei Prinzipien sind inkommensurabel, wenn keines von beiden dem anderen übergeordnet ist, sie aber auch nicht von gleichem Gewicht sind. Es gibt keine gemeinsame Skala, auf der ihr relativer Wert bestimmt werden könnte.

> *Mutter*: »Schau, da malt jemand mitten auf der Straßenkreuzung ein Bild. Darf denn das sein?«
>
> *Kind*: »Ich weiß nicht, was richtig ist. Ich bin geistig gelähmt, denn ich kann nicht abwägen. Es ist nicht möglich, Beeinträchtigungen der Kunstfreiheit in Zugewinnen an öffentlicher Sicherheit auszudrücken. Der eine Wert lässt sich nicht in den anderen übersetzen.«

Um Abwägungen rational nachvollziehbar zu machen, ist es denkbar, das Gewicht von Prinzipien oder Werten in ihrer jeweils eigenen internen Skala zu messen und die relative Intensität von Beeinträchtigungen und Realisierungen einander gegenüberzustellen. Eine milde Einschränkung der Redefreiheit – also etwa eine Ausnahme für bestimmte Orte – könne angesichts eines hohen Zugewinns an öffentlicher Sicherheit gerechtfertigt erscheinen.

> *Lehrbuchbeispiel*: »Ein Verbot, ein Gemälde mitten auf einer belebten Kreuzung zu malen, ist eine geringe Beschränkung der Kunstfreiheit, weil viele denkbare Orte für die Grundrechtsausübung verbleiben. Der Zugewinn an Verkehrssicherheit ist dagegen erheblich. Die Abwägung **muss** daher zugunsten der letzteren ausfallen.«

Diese Überlegung unterschlägt allerdings, dass die Gegenüberstellung der relativen Intensität von Beeinträchtigungen und des relativen Zugewinns aus der Realisierung von Prinzipien eine gemeinsame Basis voraussetzt, auf der beide Prinzipien stehen. Genau dies wird allerdings durch eine Inkommensurabilität ausgeschlossen. Das Vereinbarmachen des Unvereinbaren funktioniert nicht, wenn unbestimmt bleibt, ob die betroffenen Güter gleichwertig sind oder eines von beiden von unverhältnismäßig höherem Wert ist.

§ 155

Was Dworkin ebenfalls nicht ins Auge fasst, sind tragische Konflikte. Konflikte dieser Art involvieren zwei »sittliche Mächte«, deren Ansprüche gleichermaßen zwingend wie miteinander unvereinbar sind.

Das klassische Beispiel dafür ist der Konflikt zwischen den Forderungen der Familie und denen der politischen Gemeinschaft. Die Geschichte von Antigone, die ihren Bruder gemäß dem religiösen Ritus bestatten will, obwohl der König von Theben es verboten hat, ist das Beispiel für einen solchen tragischen Konflikt.

Für die Auflösung eines tragischen Konfliktes gibt es keine moralische Norm. Jede richtige Handlung ist auch falsch.

Der tragische Konflikt kann bloß verschwinden, indem die Betroffene an ihm irgendwie zugrunde geht – entweder durch ihren Tod oder durch eine Verwandlung. Ertragen lassen sich solche Metamorphosen bloß im Medium der Kunst. Die ästhetische Erfahrung erschließt den Konflikt. Der Erzählende nimmt die moralisch unbestimmte Position desjenigen ein, der den Konflikt überwindet, ohne eine moralisch richtige Antwort zu haben. Wenn es sich bei der Geschichte um eine Sage handelt, dann ist es die »Sittlichkeit der Sitte«, die zu uns spricht.

Die Kunst erschließt damit eine Dimension der menschlichen Erfahrung, zu der das Insistieren auf moralische Richtigkeit nicht vordringt. Es geht um das Scheitern an Anforderungen und Situationen, für die das Menschsein nicht ausgelegt ist. Aushalten lässt sich dieses Scheitern bloß, wenn es nicht ernst ist, sondern fiktiv. Der furchtbaren Wahrheit kann man im Schein angesichtig werden. Die Umwandlung ins Fiktive substituiert die moralische Norm durch den Maßstab des gelungenen Werks.

Die These, wonach es auf alle moralische Fragen eine richtige Antwort geben müsse, erweist sich somit zumindest als ästhetisch borniert. Sie ist geschmacklos. Gleichwohl ist sie weit verbreitet. Viele Menschen lesen literarische Werke auf der Suche nach einer moralischen Botschaft. Manche verfassen sogar Werke, um eine Botschaft dieser Art zu formulieren. Damit werden die Möglichkeiten der ästhetischen Erfahrung unterboten.

§ 156

Dem ästhetischen Einwand gegen den Glauben an die Relevanz moralisch richtiger Einsichten für das rechtliche Wissen ist die vielleicht leitende Grundüberzeugung der sogenannten Critical Legal Studies verwandt.

Die Critical Legal Studies entstanden in den 1970er Jahren in den Vereinigten Staaten. Sie wurden schnell zum Sammelbecken von Rechtsgelehrten und praktizierenden Juristinnen, die sich für progressiv oder links hielten. Bereits gegen Ende der 1980er Jahre war der Dampf aus der Bewegung wieder draußen. Dennoch gibt es bis zum heutigen Tag Vertreter der Critical Legal Studies in den USA, vor allem an der Harvard Law School. Sie appellieren nunmehr an eine junge internationale Studentenschaft. Allerdings handelt es sich dabei bloß um verhaltenen Nachdonner. Die Fakultätskontroversen sind längst vorbei, welche der Harvard Law School Anfang der 1980er Jahre den Ruf des »Beirut of legal education« einbrachten.

§ 157

Am Beginn des Critical Legal Studies Movement stehen zwei Leitfiguren: Duncan Kennedy und Roberto Mangabeira Unger. Beide heben auf unterschiedliche Weise die Unbestimmtheit des Rechts hervor; Kennedy durch die eigenwillige Auffassung über die rationale Unentscheidbarkeit von Rechtsfragen und Unger durch seine Weigerung, ein bestimmtes soziales Arrangement als die einzig denkbare Umsetzung von Werten wie Freiheit und Gleichheit anzuerkennen. Alle institutionellen Arrangements enthalten Variationen, die den Keim für radikale Umgestaltungen enthalten, deren Realisierung keine Revolution im Sinne eines Totalaustauschs des sozialen Kontextes erfordern.

Sowohl Kennedy als auch Unger gehen von derselben sozialen Grunderfahrung aus. In der Substanz des Rechtssystems reflektiere sich ein unauflöslicher Konflikt. Das geordnete Zusammenleben auf gerechte Rechtsverhältnisse zu gründen sei zur Verwirklichung unserer Freiheit so notwendig wie unmöglich. Daran manifestiere sich der »grundlegende Widerspruch« unserer sozialen Existenz:

Duncan Kennedy (ohne Bart und Brille): »[...] [T]he goal of individual freedom is at the same time dependent on and incompatible with the communal coercive action that is necessary to achieve it.« (»The Structure of Blackstone's Commentaries«, in: *Buffalo Law Review* 28 [1979], 205–382, hier: 211.)

Diese Inkompatibilität schlage vom Rechtsmaterial auch auf die Modalitäten durch, um dieses zu wissen:

Duncan Kennedy: »The fundamental contradiction – that relations with others are both necessary to and incompatible with our freedom – is not only intense. It is also pervasive. First, it is an aspect of our experience of every form of social life [...]. Second, within law, as law is commonly defined, it is not just an aspect, but the very *essence* of every problem.« (ebd., 213.)

Unger fasst denselben Gedanken, indem er ihn als den elementaren Konflikt der beiden Bedingungen der Möglichkeit menschlicher Selbstverwirklichung beschreibt. Diese bestehen aus »[...] the need to participate in group life and the effort to avoid the dangers of subjugation and depersonalization that attend such engagement«. (Passion: *An Essay on Personality*, New York 1984, 35–36.)

§ 158

Kennedy versucht zu zeigen, dass der grundlegende Widerspruch an der internen Widersprüchlichkeit von Versuchen offenbar wird, diesen Grundkonflikt aufzuheben. Das Sozialmodell, an dem das vorgeführt wird, ist der »Liberalismus«.

Um den Liberalismus mit seiner Emphase auf die individuelle Freiheit geht es in den frühen Schriften beider Theoretiker. Er soll des falschen Versprechens überführt werden, das Modell für eine versöhnte Gesellschaft zu sein. Wegen der Falschheit dieses Versprechens entpuppe er sich als Ideologie. Diese sei manifest in der Zelebrierung von individuellen Rechten und dem Glauben an die unparteiliche Anwendung von Rechtsregeln, die sich gegenüber unterschiedlichen Entwürfen des guten Lebens neutral verhalten.

Mit seinem falschen Versöhnungsversprechen diene der Liberalismus vor allem zur rhetorischen Beschönigung des Rechts. Die wirkliche Funktion des Rechtssystems werde mit einem Zuckerguss von Idealisierungen überzogen. Somit werde das Recht selbst zu einer Ideologie.

§ 159

Die originelle Leistung des Kennedy'schen Ansatzes besteht darin, den »clash« der »enabling conditions of self-assertion« (ebd., 21) inmitten des rechtlichen Wissens zu lokalisieren und damit eine Rechtstheorie für eine unversöhnte Gesellschaft zu formulieren.

Die Allgegenwart des »grundlegenden Widerspruchs« manifestiert sich laut Kennedy in dem wiederkehrenden und nicht zu schlichtenden Widerstreit von sozialethischen Modellen in der juristischen Argumentation. In einem frühen und berühmt gewordenen Aufsatz über »Form and Substance in Private Law Adjudication« identifiziert Kennedy »individualistische« und »altruistische« Denkweisen im Privatrecht. Der Individualismus passt zur liberalen Ideologie, der Altruismus auf das, woraufhin der Liberalismus sich stets zu überschreiten hat, ohne dafür einen angemessenen Begriff zu haben. Kennedy präsentiert den Sachverhalt so, dass die Orientierung an klaren Regeln und die buchstabengenaue Einhaltung des Versprochenen typisch individualistisch seien, während das Operieren mit offenen Standards wie »Treu und Glauben« oder das situationssensitive Abwägen den Altruismus widerspiegle. Die Pointe seiner Beobachtung liegt in der Behauptung, dass zwar der Individualismus im Vertragsrecht des amerikanischen Common Law dominiere, diese Dominanz aber immer durch die Aufnahme altruistischer Motive gebändigt werde. Der spontane Wechsel des sozialethischen Modells in der juristischen Argumentation sei durch keines der beteiligten Modelle selbst vermittelt. Es handle sich um eine politische Entscheidung. Das sei die Konsequenz des grundlegenden Widerspruchs. Welchen Weg man in der juristischen Argumentation einschlage, sei letztlich eine Frage der reinen, »existentiellen« Dezision.

Diese letztere Überzeugung brachte Kennedy den Spitznamen »Critical Legal Sartre« ein. Pierre Schlag, der, wenn es der Platz zuließe, eines eigenen Kapitels würdig wäre, zeichnet sich dafür verantwortlich.

§ 160

»Alles Recht ist Politik.« Dieser eingängige Slogan der Critical Legal Studies verdeckt die Subtilität des Ansatzes mindestens ebenso wie der Versuch, ihn existentialistisch aufzuputzen. Denn im Grunde rekonstruiert Kennedy ein negatives System rechtlichen Wissens, das sich zum positiven System komplementär verhält.

Das positive System ist das Produkt der stets möglichen richtigen Antwort. Aufgrund der Akkumulation von richtigen Antworten entsteht das System von relativen Vorrangrelationen von Prinzipien im Verhältnis zu Situationstypen. Das Recht ist daher ein Bestimmtes.

Das negative System ist das Produkt der Unmöglichkeit der richtigen Antwort. Die richtige Antwort ist unmöglich, weil es stets gleich plausibel ist, den individualistischen oder den altruistischen Argumentationsweg einzuschlagen. Das Recht ist unbestimmt. Bestimmt wird es durch etwas, das ihm äußerlich ist. Dieses Äußerliche ist die politische Entscheidung. Wegen dieser Determinationsbeziehung erweist sich das Äußerliche des Rechts als sein Innerstes. Das Recht ist bei sich, wenn es außer sich ist.

Das negative System ist nicht einfach die Negation des positiven Systems. Es ist vielmehr die Unmöglichkeit dieses Systems, die es wie ein Schatten begleitet. Die Unmöglichkeit ist sein Wesen, während das, wovon es das Wesen ist, ein Schein ist. Das positive System gibt es nur zum Schein.

Es ist das große Verdienst von Kennedys einstmaligem Studenten Jack Balkin, diese Relation zwischen dem positiven und dem negativen System messerscharf und »kristallklar« herausgearbeitet zu haben.

§ 161

Balkin rekonstruiert das rechtliche Wissen als Serie von Entscheidungen, bestimmte Regeln als bestimmten Situationen angemessen auszuzeichnen. Nichts anderes ist im Grunde genommen die Systembildung.

Das Beispiel, an dem sich dies verdeutlichen lässt, entstammt Balkins analytischer Aufarbeitung von Kennedys Lehrmaterialien zum Schadenersatzrecht. Ähnlich wie Kennedy unterscheidet Balkin zwischen zwei sozialethischen Modellen, dem Individualismus einerseits und dem Kommunalismus andererseits.

Die Bühne ist leer und düster. Man glaubt, im Hintergrund Bewegung zu sehen, aber es ist zu dunkel, um etwas deutlich zu erkennen.

Autor: »Warum rührt sich denn niemand?«

Stimme (aus dem dunklen Off): »Es ist so spannend! Wir lauschen.« *(Gelächter)*

Der Autor zuckt die Achseln und rollt die Schultern, um seine Verspannungen ein wenig zu lösen. Er sagt zu sich selbst: »Muss es sein? Es muss sein!« *Das Licht erlischt. Gleich darauf vernimmt man das Klappern einer Tastatur.*

Der Individualismus will Freiheit. Daher hat er die Tendenz, die Verantwortung für Verantwortung zu minimieren. Der Kommunalismus will Solidarität. Daher tendiert er dazu, die individuelle Verantwortung zu maximieren. In einer perfekt individualistischen Welt ist man nie schadenersatzpflichtig, weil die anderen es verabsäumt haben, aus dem Weg zu gehen. In einer perfekt kommunalistischen Welt ist man dies immer schon.

Duncan Kennedy: »Hey, it's pitch-dark in here.«

Autor (unterbricht das Tippen): »Sure, that's just the right setup for existential leaps in the dark!«

Duncan Kennedy: »C'mon, gimme a break, I don't believe in this crap anymore!«

Balkin schränkt ein, dass die beiden von ihm unterschiedenen Positionen bloß in der Gegenüberstellung Sinn machen. Auf den Kontrast komme es an. Dieser Kontrast kehre auf unterschiedlichen Ebenen des Schadenersatzrechts wieder.

Auf einer sehr elementaren Ebene ist etwa zu entscheiden, welche Haftungsregel für welchen Falltyp heranzuziehen ist, etwa eine verschuldensunabhängige Gefährdungshaftung oder die reguläre Verschuldenshaftung. Wenn man beide einander gegenüberstellt, erscheint die Erstere kommunalistisch, während die Letztere individualistisch anmutet. Wenn man sich in bestimmten Fallkonstellationen für die individualistische Variante entschieden hat und also die Verschuldenshaftung für angemessen hält, stellt sich in deren Rahmen irgendwann die Frage nach dem angemessenen Sorgfaltsmaßstab für das Fahrlässigkeitsdelikt. Die Frage ist, ob die nötige Sorgfalt subjektiv bestimmt werden soll, also im Hinblick auf die Sorgfalt, zu der ein bestimmter Mensch fähig ist, oder auf eine ideale Maßfigur abzustellen ist und damit auf eine Norm, der alle zu genügen haben, unabhängig davon, wie leicht oder wie schwer ihnen dies fällt. Die erste Variante ist individualistisch, die zweite kommunalistisch. Wenn man sich aus Gründen des Schutzes des Geschädigten für einen objektiven Sorgfaltsmaßstab entscheidet, dann wählt man die kommunalistische Position. Das rechtliche Wissen beginnt damit eine Art »Zickzackkurs« einzuschlagen. Zunächst wird der Individualismus bejaht, weil die Verschuldenshaftung angemessen erscheint, und dann aber der Kommunalismus bei der Selektion des Sorgfaltsmaßstabs.

Nach Balkin ist es das »Rätsel der Dogmatik« (das *doctrinal conundrum*), dass das rechtliche Wissen zwischen diesen Positionen hin und her wechselt, ohne dass sich jeweils zwingende Gründe für die eine oder andere Position angeben lassen. Vielmehr sind die Gründe durchweg redundant. Die Argumente für und wider mehr oder weniger individuelle Verantwortung kehren immer wieder. Wegen ihrer schablonenhaften Qualität fehlt ihnen die innere Überzeugungskraft. Das juristische Argumentieren bewegt sich immer schon in ausgefahrenen Bahnen. Es wird in Schriftsätzen ausgestellt, um Klienten zu beeindrucken oder vor Kolleginnen das eigene Können zu demonstrieren.

Das Hin und Her zwischen den Positionen kommt nie an sein Ende. Selbst wenn ein objektiver Sorgfaltsmaßstab gewählt worden ist, ist es denkbar, für gewisse Personengruppen (Minderjährige oder Menschen mit Behinderung) Ausnahmen vorzusehen. Damit würde wieder die individualistische Position bezogen.

§ 162

Aus dieser allgemeinen Beobachtung rechtlichen Wissens zieht Balkin nun drei Schlussfolgerungen.

Erstens lassen sich keine zwingenden Gründe angeben, weshalb an einer Stelle die eine Position und an einer anderen die andere gewählt wird. Allerdings verhält es sich so, dass eine Richterin an irgendeinem Punkt die Nötigung verspüren wird, die andere Richtung einzuschlagen.

Zweitens sehen wegen dieser Nötigung die juristischen Begriffe wie »nested oppositions« aus, also Gegensätze, in deren Relate sich ihr jeweiliges Gegenteil eingenistet hat. Wer beispielsweise vertragliche Verpflichtungen ausschließlich auf den erklärten Willen gründen will, muss dennoch eingestehen, dass es Umstände gibt, unter denen ein Verhalten als Abgabe einer Willenserklärung gilt, selbst wenn die Person keinen Willen gebildet hat.

Drittens ist das negative System, das Balkin rekonstruiert, gleichsam im positiven System verborgen. Der von Dworkin herausgestellte Eindruck von Kohärenz entsteht bloß deswegen, weil das moralische Bewusstsein genauso antinomisch verfasst ist wie das juristische Argumentieren. Das wird auch an politischen Ideologien deutlich. Konservative sind »individualistisch« im wirtschaftlichen Bereich und »kommunalistisch«, wenn es um das Strafen und die Sicherheit geht. Der Zickzackkurs erlangt in Ideologien somit eine gewisse Solidität. Entscheidungen lassen sich deswegen politisch besser voraussagen als auf rein juristischer Grundlage.

§ 163

Die Entzweiung sagt etwas aus über den Zustand der praktischen Vernunft. Kein Argument vermag aus der Sicht des Gegenarguments zu überzeugen. Das Überzeugtsein selbst ist etwas, das sich zufällig einstellt.

Mit der Entzweiung gerät die Vernunft in eine tiefe Krise. Alles Debattieren ist bestenfalls ein Aggregieren. Argumente sind in sich intellektuell so stumm wie Voten.

Kind: »Ja oder Nein.«

Arnold Schönberg (eine Handpuppe des Erzengel Gabriel in der rechten Hand bewegend): »Ob rechts, ob links, vorwärts oder rückwärts, bergauf oder bergab – man hat weiterzugehen, ohne zu fragen, was vor oder hinter einem liegt.«

Sobald wir mit schwierigeren Fällen konfrontiert sind, wissen wir nicht mehr, was richtig ist. Jedes Insistieren darauf, man habe die richtige Antwort gefunden, mutet so seltsam an wie ein Akt der Autosuggestion.

§ 164

Mit dieser Erfahrung hebt ein weiterer Ansatz an, der mit der Schlussfolgerung Ernst macht, dass das juristische Argumentieren so gut oder so schlecht wie das Zählen von abgegebenen Stimmen ist.

Die Theorie, die in diesem Zusammenhang ins Spiel kommt, ist die sogenannte »Social Choice Theory«. Sie beschäftigt sich mit der Zusammenfassung von Einzel- in Gruppenentscheidungen. Das Phänomen, das in diesem Zusammenhang sofort hervorsticht, ist das »Kreisen« der Ergebnisse.

Man kann sich das folgendermaßen vorstellen: Es gebe drei Kandidaten für ein politisches Amt, A, B und C. Die Wählerinnen D, E und F werden eingeladen, ihre Präferenzen zu ordnen. Das könnte folgendermaßen aussehen:

	A	B	C
D	1	2	3
E	3	1	2
F	2	3	1

Wenn man nun A und B zur Wahl stellt, dann wird A gewinnen, weil zwei Wähler, nämlich D und F, A dem B vorziehen. Wenn man B und C ins Rennen schickt, dann wird B gewinnen, weil D und E eine Präferenz für B haben. Stellen sich hingegen A und C einer Wahl, dann gewinnt C, weil E und F den C dem A vorziehen. Das Ergebnis ist intransitiv. Es ist nicht so, dass A gegen C gewinnt, weil er über B gewinnt und B über C. Vielmehr ist das Ergebnis ein Kreisen: A < C < B < A < C ...

Das Ergebnis ist Unentscheidbarkeit.

§ 165

Zu den ersten, welche die Social Choice Theory für die juristische Entscheidungsfindung fruchtbar gemacht hatten, gehörten Lewis Kornhauser und Larry Sager. Das von ihnen präsentierte »doctrinal paradox« betrifft unterschiedliche Ermittlungsmethoden für Entscheidungen in Richtersenaten. Je nachdem, ob man die Voten für Teilfragen oder für die Beurteilung der gesamten Rechtsfrage zählt, kann man zu unterschiedlichen Ergebnissen gelangen.

Wieso dem so ist, kann man sich am Beispiel der einfachen Frage verständlich machen, ob eine Schadenersatzpflicht besteht, insofern die Elemente Rechtswidrigkeit des Verhaltens und Verschulden gegeben sind. Man gehe von einem Dreiersenat aus:

	Rechtswidrigkeit	Schuld	Haftung
A	Ja	Nein	Nein
B	Nein	Ja	Nein
C	Ja	Ja	Ja
Mehrheit	Ja	Ja	Nein / Ja

Wenn man die Mehrheitsentscheidungen zu den Teilfragen für relevant erklärt, ist die Haftung zu bejahen. Wenn man die Gesamtbeurteilung durch die einzelnen Richter einem Mehrheitsvotum unterwirft, ist die Haftung zu verneinen. Die Entscheidung bleibt unbestimmt.

Man kann freilich lange darüber tiefsinnig werden, welches Ermittlungsverfahren das »richtige« ist.

§ 166

Eine glanzvolle Dimension erreicht der Gebrauch der Social Choice Theory in dem Werk von Leo Katz. In seinem jüngsten Buch *Why the Law Is So Perverse* versucht er aufzuklären, warum wir, wenn wir uns am Recht orientieren, mit Phänomenen wie Schlupflöchern oder quälenden Subsumtionsnotwendigkeiten konfrontiert sind.

Katz hat begriffen, dass die Rechtstheorie keine Superrechtswissenschaft ist. Sie verhilft nicht dazu, auf der Suche nach der richtigen Antwort alle intellektuellen Hindernisse aus dem Weg zu schaffen. Vielmehr muss die Rechtstheorie erklären, woher diese Hindernisse stammen und warum das rechtliche Wissen ein frustrierendes Geschäft bleibt.

Die Grundidee ist einfach. Für die Beurteilung von Rechtsfragen sind zumeist mehrere unterschiedliche Kriterien relevant. Es ist heuristisch zweckmäßig, sich die Kriterien (oder Prinzipien) wie Wähler vorzustellen, die Präferenzen für bestimmte Ergebnisse haben.

Wenn das Prinzip, wonach es keine unverhältnismäßigen Maßnahmen gegen Übeltäter geben darf, mit der Wahl zwischen mehreren Optionen für den Fall der Selbstverteidigung konfrontiert ist, dann wird es etwa folgendes Votum abgeben:

Töte den Angreifer	Lasse dich töten	Suche einen sicheren Ausweg
Nein	Ja	Ja

Solange es einen sicheren Ausweg gibt, darf man den Angreifer nicht töten. Das Prinzip agiert wie ein Wähler. Es votiert mit Ja und Nein.

Katz beobachtet nun, wie *inter*personale Aggregierungsparadoxa auf der Ebene eines *intra*personalen Kreisens – eines Sich-nicht-entscheiden-Könnens – wiederkehren.

	BMW	Mercedes	Audi
Franz	1	2	3
Ferdinand	3	1	2
Felix	2	3	1

Man gelangt zu einem Kreisen, wenn man die Präferenzen paarweise aggregiert. BMW < Audi < Mercedes < BMW < Audi ...

Dasselbe passiert, wenn die Personen durch Kriterien ersetzt werden:

	BMW	Mercedes	Audi
Leistung	1	2	3
Sicherheit	3	1	2
Schönheit	2	3	1

Ein solches latentes Nicht-entscheiden-Können wird vom Recht in der Praxis unterdrückt.

Deswegen ist das Recht pervers.

Der Wissende, der Zögling und die Leserin folgen der Power Point Präsentation des Autors. Schönberg sitzt vornüber gebeugt, die Ellenbogen auf die Oberschenkel gestützt, und umfasst seinen Hinterkopf mit seinen Händen. Man kann nicht erkennen, ob er sich die Ohren zuhält. Die Handpuppe des Erzengel Gabriel erhebt sich vom Boden und spricht: »Es soll verborgen sein; ihr durftet, musstet es vergessen, um die Aufgabe zu erfüllen.«

§ 167

Nach Katz kann in einem rechtlichen Entscheidungsprozess, in dem mehrere Kriterien oder Prinzipien relevant sind, ein analoger Kreisprozess auftreten.

Sein Paradebeispiel dafür ist ein mögliches Triage Szenario. Es gebe nach einem Unfall zunächst zwei Verletzte, nämlich Al und Chloe. Wenn Al nicht gleich geholfen wird, ist das Risiko groß, dass seine beiden Beine steif bleiben. Chloe hingegen würde bei einer Behandlungsverzögerung bloß eine geringe Einschränkung der Beweglichkeit ihres Zeigefingers in Kauf nehmen müssen. Das Prinzip, wonach Menschen aufgrund der Schwere ihrer Verletzung zu helfen ist, räumt damit Al den Vorrang ein.

Al liebt aber Chloe und weiß, dass sie passionierte Klavierspielerin ist. Folglich entschließt er sich dazu, seinen Behandlungsvorrang an Chloe abzutreten. Das Prinzip, wonach Menschen freiwillig ihre Angelegenheiten ordnen und sich dabei auch selbst schädigen dürfen, lässt das offensichtlich zu.

Wir sind uns allerdings nicht ganz sicher, ob dieses Prinzip auch anwendbar ist. An unserem Zögern deutet sich an, dass wir hier so etwas wie einem Schlupfloch begegnen.

Nun aber kommt Bea ins Spiel. Sie ist an einem Bein verletzt, das ebenfalls steif bleiben könnte, würde es nicht gleich behandelt. Sie verdirbt nun Al die großzügige Geste. Sie verlangt die Behandlung aufgrund der schwereren Verletzung im Verhältnis zu Chloe.

Dadurch verändert sich unsere Sicht der Situation. Bislang haben wir sie durch die Linse von zwei Prinzipien gesehen: dem der Schwere der Verletzung einerseits und dem der freiwilligen Transaktion andererseits. Auf die Übertragung des Vorrangs konfrontiert, reagierten wir so, wie wir immer auf ein Schlupfloch reagieren. Mit Verwunderung, ohne genau zu wissen, warum uns der gewählte Weg nicht ganz einwandfrei vorkommt.

Wissender: »Seltsam, aber warum nicht?«

Zögling: »Jemand verschenkt sein Hab und Gut zu Lebzeiten an die Erben, um diesen die Erbschaftsteuer zu ersparen.«

Wissender: »Seltsam, aber warum nicht?«

Mit dem Auftreten Beas verändert sich der Sachverhalt erheblich. Denn plötzlich sieht die freiwillige Übertragung des Behandlungsvorrangs frivol aus. Das Schlupfloch schließt sich wieder. Die Relevanz des ersten Prinzips ist wieder hergestellt.

Wegen der wiederhergestellten Relevanz des ersten Prinzips erlangt aber nun Al wegen seiner vergleichsweise schwereren Verletzung Vorrang gegenüber Bea. Bea hat also nichts von ihrer Beschwerde. Und Al wird wiederum darauf insistieren wollen, dass er sein Behandlungsrecht übertragen dürfe. Wir erhalten: Chloe < Bea < Al < Chloe ...

	Al	Bea	Chloe
Schwere der Verletzung	1	2	3
Freiwilliger Transfer	2	3	1

Einen Ausweg aus dieser Situation findet man bloß, indem man ein Prinzip als irrelevant zurückweist. In diesem Fall muss das Prinzip des freiwilligen Transfers weichen. Das Behandlungsrecht gemessen an der Schwere der Verletzung wird damit unveräußerlich. Es ist so unveräußerlich wie die Menschenwürde, die es verbietet, dass Menschen sich in die Sklaverei verkaufen, selbst wenn es ihnen nützte, oder Gefangene ihre Gefangenschaftszeit verkürzen, indem sie diese gegen Folterungen eintauschen.

Katz meint nicht, dass die Herrlichkeit der Menschenwürde die freiwillige Transaktion sachlich aussticht. Er meint, dass sich der Eindruck des größeren Gewichts dieses Prinzips letztlich aus der Notwendigkeit erklärt, das Kreisen zu verhindern. An sich wäre das Kreisenlassen der konfligierenden Ergebnisse unserer in sich entzweiten praktischen Vernunft angemessen.

Das Kreisen auszuschließen macht das Recht pervers.

§ 168

Katz hat ein ganz feines Gespür dafür, wie durch die Anwesenheit oder Abwesenheit von Sachverhaltselementen die Relevanz von Prinzipien oder Kriterien zweifelhaft oder ausgeschlossen erscheinen kann. Die selbst hervorgebrachte Situation der Selbstverteidigung schafft ein Schlupfloch im Verhältnis zu dem Prinzip, wonach ein Angreifer sein Recht auf Leben nicht verwirkt, solange noch eine Möglichkeit besteht, seinem Angriff auszuweichen.

Töte den Angreifer in Selbstverteidigung	Suche einen sicheren Ausweg
Nein	Ja

Wenn aber eine Situation entstanden ist, in der es keinen sicheren Ausweg mehr gibt, dann ist dieses Prinzip außer Kraft gesetzt, weil es nicht mehr situationsrelevant ist. Dann gilt bloß noch:

Töte den Angreifer in Selbstverteidigung
Ja

Ein ähnliches Verhalten ist für Fremde zu beobachten, die durch öffentliche Kritik an der Regierung ihrer Heimat bewusst eine Situation schaffen, in der sie zu Hause nicht mehr sicher wären. Sie haben es in der Hand, sich selbst zu Asylbewerbern zu machen. Das Prinzip, wonach ein Staat über die Länge des Aufenthalts von Fremden entscheiden darf, kann von ihnen irrelevant gemacht werden.

§ 169

Die Liste der Rätsel, die Katz in seinem Werk auf diese Weise bearbeitet, ist lang. Neben dem Verbot freiwilliger Transfers und dem Ausnützen von Schlupflöchern bemüht er sich um die Klärung des binären Charakters juristischer Unterscheidungen (»Entweder – Oder«) und die Grenzen der Strafbarkeit.

Im Ergebnis ist und bleibt das juristische Denken immer frustrierend.

Es ist frustrierend vor allem deswegen, weil die praktische Vernunft, wenn sie sich frei und ungezwungen dem Räsonnement hingibt, kein Problem damit hat, zwischen unterschiedlichen Lösungen im Kreis zu gehen. In ihrem entzweiten Zustand, in dem sie Argumente aggregiert, ist sie gerade so unverantwortlich wie das Freud'sche Unbewusste, in dem sich das Es artikuliert. Die Vernunft kommt nicht in der Welt des Entscheidens und Handelns an.

Damit das Recht auch zu etwas Bestimmtem gelangt, muss es diesen Zustand überwinden und damit aber seine natürliche Tendenz zur Unentschiedenheit unterdrücken.

Aus »Es« muss »Ich« werden. Der Weg dorthin ist kein glücklicher.

Katz' Werk ist einer der bedeutendsten Beiträge zur Aufklärung der Rolle des Unbewussten im rechtlichen Wissen.

8. Das Rechtsverhältnis

§ 170

In diesem Kapitel werden alle verbleibenden Fragen beantwortet.

Leserin: »Alle?«

Autor: »Alle.«

§ 171

Aus der Geschichte der Rechtstheorie geht der amerikanische Rechtsrealismus als der große Sieger hervor. Mit dem Scheitern des Rechtspositivismus und angesichts der entzweiten Gestalt des objektiven Geists überlebt für das rechtliche Wissen bloß die realistische Ernüchterungsleistung. Die Critical Legal Studies und die Social Choice Theory tragen diese Abklärung bloß noch ein Stück weiter ins moralische Bewusstsein hinein.

Somit stellen sich jeder Person, die versucht, sich am Recht zu orientieren, zwei Fragen: Wie werden diejenigen, denen man de facto untergeordnet ist, entscheiden? Wie sollen sie entscheiden?

Die zweite Frage ist moralischer Natur. Sie bleibt dies auch dann, wenn es auf sie keine richtige Antwort gibt. Eine von der Moral verschiedene Rechtsverbindlichkeit gibt es nach rechtsrealistischer Auffassung nicht.

Was die Rechtsrealisten allerdings nicht aufklären, ist der Umstand, weshalb die Ernüchterung wie ein schmutziges Geheimnis anmutet, das auf der Bühne rechtlichen Wissens nicht ausgeplaudert werden darf. Wir nehmen am rechtlichen Wissen teil, indem wir eine artifizielle normative Sprache führen, von der wir gleichwohl ahnen, dass sie keine *direkte* Autorität hat. Wieso verhält es sich so? Warum gibt es diese Doppelung zwischen den Routinen des Rechtsdenkens und den vorgeblich realen Entscheidungsfaktoren?

Der Rechtsrealismus hat dafür keine andere Erklärung, als dass die Routinen der Vergangenheit entstammen und diese in Vorurteilen befangen war. Indessen hört diese Vergangenheit trotz der realistischen Aufklärung nicht auf, sich in die Gegenwart fortzuschreiben. Das deutet darauf hin, dass die Doppelung zwischen der Bühne rechtlichen Wissens und den realen Entscheidungsfaktoren in der Natur des Gegenstands begründet ist.

§ 172

Es ist das große Verdienst des modernen Rechtspositivismus, für das rechtliche Wissen die soziale Relevanz des Verbindlichkeitsanspruchs des Rechts herausgestellt zu haben. Aus ihr erklärt sich erst die Doppelung zwischen dem gemeinsamen juristischen Sprechen über das »objektiv Gesollte« und der Eigenschaft dieses Sprechens, aus der Sicht realer Handlungsgründe ein bloßes Mittel zum Zweck zu sein. Das juristische Sprechen signalisiert Verbindlichkeit.

Zögling: »Das Recht fordert, dass ...«

Wer zu wissen beansprucht, was Recht ist, muss behaupten, was erlaubt oder vorgeschrieben oder verboten ist oder in jemandes Macht steht.

Allerdings behauptet die sprechende Person, was sie behauptet, zumeist mit einer strategischen Absicht, gleichsam als Ausfluss einer Agenda. Sie würde nichts als Recht behaupten, was ihr nicht aus einem Grund günstig dünkte, der dem Recht gegenüber äußerlich ist (mag es sich um das Eigeninteresse oder eine moralische Überzeugung handeln).

Angesichts dieser Zweiheit der Verbindlichkeit – also der von Rechtsnormen und des Interesses dessen, der sich auf das Recht beruft – stellt sich die Frage, was am gemeinsamen juristischen Sprechen seinem strategischen Gebrauch eine Grenze zu bezeichnen vermag. Darin würde sich die Verbindlichkeit des Rechts manifestieren.

In der Bestimmung dieser strategisch belagerten Verbindlichkeit des Rechts zeigen sich die Schwächen der rechtspositivistischen Position. Der Rechtspositivismus will diese Verbindlichkeit von der moralischen Verbindlichkeit unterschieden wissen. Aber wie lässt sich dieser Unterschied denken, ohne das »rechtliche Sollen« auf ein bloßes Müssen zu reduzieren? Vor allem stellt sich die Frage, um wessen Verbindlichkeit es sich handelt, wenn die Verbindung zu den moralischen Handlungsgründen gekappt wird. Wessen Wille spricht sich denn im Recht aus? Und weshalb führen die Versuche, die internen Schwächen des Rechtspositivismus zu beheben, in unterschiedliche Formen der Entzweiung?

Dies sind die unbeantworteten Fragen der Rechtstheorie.

§ 173

Leserin: »Ich wäre nie darauf gekommen, dass das die verbleibenden Fragen sind.«

Autor: »Deswegen bedürfen Sie meiner sanften Lenkung.«

Die Leserin lächelt. Der Autor errötet.

§ 174

Der Beantwortung dieser Fragen kommt man näher, wenn man das Recht als eine Beziehung zwischen Menschen begreift. Es handelt sich um eine Beziehung des Forderns und der Rechtfertigung dieses Forderns.

Ihre Funktion und Bedeutung erklärt sich aus einer reflexiven Form der moralischen Universalisierung.

§ 175

Die Universalisierung ist die Form des moralischen Urteils. Vermöge seiner Form behauptet ein solches Urteil die Verallgemeinerbarkeit des Behaupteten. Genügt es dieser Bedingung, dann erhebt das Urteil einen ernst zu nehmenden Geltungsanspruch.

Mutter (zum Kind): »Das darfst du nicht. Niemand darf das.«

Nach Kant schließt der Universalisierungsanspruch zunächst den internen Widerspruch aus. Niemand kann einen Kredit mit dem Vorsatz aufnehmen wollen, diesen nicht zurückzuzahlen. Ein solcher Vorsatz würde den Kredit unmöglich machen. Man verschaffte sich zwar Geld, aber man nähme keinen Kredit auf.

Die Verallgemeinerung erfordert seines Erachtens aber auch die Abwesenheit eines Widerspruchs im Willen. Ein solcher liegt vor, wenn man die Interessen anderer geringer schätzt als die eigenen und man etwa Notleidenden die Hilfestellung versagt, obwohl man von anderen eine Unterstützung im Falle der eigenen Not erwarten würde.

Dichter: »Mein Herz ist hart und meine Seele frei. Ich helfe nie und bin der Hilfe nie bedürftig. So wandle ich durch's Leben und bin gerechtfertigt.«

§ 176

Beide Formen des Widerspruchs lassen sich vor dem Hintergrund eines Rollentausches rekonstruieren. Die Verallgemeinerung verhält uns dazu, unser eigenes Verhalten unter Bedingungen der Gegenseitigkeit aus der Sicht der davon Betroffenen zu betrachten. Wenn jeder weiß, dass ich geborgtes Geld nicht zurückgebe, dann werde ich auch keines erhalten. Das Verhalten bricht aufgrund eines internen Widerspruchs in sich zusammen. Wenn jeder weiß, dass ich nicht bereit bin zu helfen, kann ich auch von anderen keine Hilfe erwarten. Die Universalisierung wird durch die Gegenseitigkeit vermittelt.

Die Verallgemeinerung allein kann moralische Konflikte nicht lösen. Dazu bedarf es teleologischer Zusatzerwägungen. Es muss schon vorgängig gewusst werden, welche Zwecke realisiert werden sollen, damit sich im Wege des Rollentausches etwaige Opfer oder Beeinträchtigungen rechtfertigen lassen. Wir müssen das Eigentum schon haben wollen, um seinem Schutz den Diebstahl zu opfern. Ob sich Regeln verallgemeinern lassen, hängt davon ab, ob man von Menschen die Verfolgung von Zielen zumindest erwarten darf.

§ 177

Lebensideale und die sie tragenden moralischen Charaktere können zu Konflikten führen. Sie treten immer dann auf, wenn Freiheitsbeeinträchtigungen entstehen, weil Menschen ihre Freiheit genießen. Wie viel Lärm muss man ertragen können? Wie viel Wettbewerb darf sein? Wie viel Kritik muss man sich anhören? Für diejenigen, die taube Ohren und ein dickes Fell haben, lässt sich eine lautstarke und derbe Gesellschaft rechtfertigen. Aber nicht alle sind geräuschunempfindliche Dickhäuter. Auch gibt es keinen zwingenden Grund, diese Eigenschaften von Menschen zu erwarten. Sie lassen sich nicht allgemein fordern. Eine formale Universalisierung, die geräuschunempfindliche Dickhäutigkeit voraussetzt, bleibt inhaltlich partikulär. Sie ist durch einen bestimmten moralischen Charakter vermittelt, der mit bestimmten Zielen kompatibler ist als mit anderen.

§ 178

Angesichts der Divergenz von Charakteren tritt die Universalisierung in eine zweite Phase ein. Sie widmet sich der Verallgemeinerung des inhaltlich partikular Universalisierten. Sie wird reflexiv.

Wissender (in Lederkluft, steigt vom Motorrad, nimmt den Helm ab und sagt augenzwinkernd): »Loud is good.« *(Er hebt den Daumen der rechten Hand.)*

Das Motto mancher Motorradfahrer, wonach lautes Motorengeräusch gut ist, lässt sich für die Nachtzeit unter der Bedingung universalisieren, dass die Ruhe suchende Bevölkerung ihre Befriedigung darin findet, durch den Klang einer Harley Davidson aus dem Schlaf gerissen zu werden. Selbst wenn echte »Harley-Fans« die nächtliche Bestätigung ihres Lebensentwurfs genießen mögen, dürfte die Universalisierung verlangen, dass die Fans sich in die Position eines schlafbedürftigen Menschen versetzen, der das Geräusch eines Motorradmotors für die Mutter aller Zumutungen hält.

Autor: »Eine unerhörte Frechheit ist das!«

Der elementare Rollentausch führt an diesem Punkt aber nicht weiter. Ein Harley-Davidson-Fan würde sich selbst mitnehmen, wenn er sich in die Position des schlafbedürftigen Menschen versetzte. Der Letztere würde durch den Ersteren verdrängt werden. Es mag daher so scheinen, als müsse umgekehrt der Harley-Davidson-Fan sich zum Zweck der Universalisierung mit der somniaffinen Sensibilität des vom Lärm Betroffenen ausstatten. Aber das Problem besteht auch unter dieser Bedingung weiter. Denn nunmehr verschwände der Harley-Davidson-Fan aus dem Bild.

§ 179

Man mag daher vermuten, die Verallgemeinerung könne nur gelingen, indem man zum Zwecke des Rollentausches jeden dazu anhält, sich in die Position eines »normalen Menschen« zu versetzen, dessen Haltungen gleichsam in der Mitte zwischen den beiden Extremen lägen.

Otto: »Ein bisschen Motorengeräusch meinetwegen, aber bitte doch nicht so laut!«

Der Harley-Davidson-Fan und der vom Lärm Betroffene müssten somit gegen sich gelten lassen, was aus der Sicht eines solchen Normalmenschen tolerabel erscheint.

Aber das löst nicht das Problem. Denn das Problem, das im Rahmen der Universalisierung auftritt, ist dies, dass aus der Sicht der jeweiligen Person genau diese Person bereits den Inbegriff des Normalmenschen darstellt. Der Charakter dieser Person vermittelt nämlich jene teleologische Orientierung an Zielen, welche die Universalisierung erst ermöglicht.

Wissender: »Wie kann der Lärm störend sein, wo es doch um eine ›Harley‹ geht? Seien Sie nicht hysterisch!«

Autor: »Was soll dieses letztklassige Fahrvergnügen, während normale Menschen schlafen wollen?«

(Das Kind tritt an die Rampe der Bühne und spricht mit vorgehaltener Hand zum Publikum): »Offensichtlich trennt den Wissenden und den Autor eine hermeneutische Kluft. Ihre Werte haben ein unterschiedliches Gewicht. Ihnen gilt Verschiedenes als relevant.« (siehe oben § 24)

§ 180

Wenn es weder möglich ist, dass beide Charaktere zusammen bestehen, noch dass der eine den anderen verdrängen darf, weil ansonsten die Universalisierung scheiterte, lässt sich Gegenseitigkeit nur herstellen, indem sich beide auslöschen. Das bedeutet, dass sich die Verallgemeinerung nur unter der Bedingung durchführen lässt, dass keiner der beteiligten Charaktere *mit* seinem Charakter an ihr teilnimmt. Beide können an ihr nur unter Absehung von diesem Charakter partizipieren. Diese Abstraktion darf auch nicht durch die Einführung eines Normalmenschen zurückgenommen werden.

Mit den Charakteren verschwindet die evaluative Aufbereitung des moralischen Urteils. Aus:

> *Wissender*: »Lautes Motorgeräusch ist gut, weil jeder verstehen muss, dass es cool ist.«

wird ein schlichtes:

> *Wissender*: »Ich will ein lautes Motorgeräusch.«

Aus der spiegelbildlichen Zurückweisung der Geräuschbelästigung aus dem (zwingenden) Grund, dass sie die Mutter aller Zumutungen darstellt, wird:

> *Autor*: »Ich will das nicht hören.«

Damit verändert sich aber die Fragestellung. Der Geltungsanspruch eines moralischen Urteils verwandelt sich in den Geltungsanspruch eines Wollens, das seinen Grund bloß in der Legitimität der Willkür findet. Der Geltungsanspruch der Willensakte steht unabhängig von der moralischen Begründung der Urteile zur Debatte, die ihnen zugrunde liegen mögen.

Die Frage ist, ob und inwieweit die Willkür auch gelten darf.

§ 181

Die reflexive Universalisierung ist der Ursprung des Rechtsverhältnisses. Die praktische Vernunft kann praktisch werden, indem sie sozial als Wollen auftritt.

Im Verhältnis der unterschiedlichen moralischen Charaktere stellt sich das moralische Urteil des einen aus der Sicht des anderen als falsch dar. Es *kann* nur gelten, wenn man von seinem Inhalt absieht. Das Urteil des anderen muss gleichwohl auf der reflexiven Ebene respektiert werden, solange es dem formalen Universalisierungsgebot genügt und insofern es das Urteil eines vernünftig Urteilenden unter anderen ist. Im Urteil des anderen begegnet einem die eigene Vernunft in veranderter Form (siehe oben § 23). Die Sozialdimension und die Sachdimension des moralischen Urteils treten auseinander.

Sozialdimension: »Ich respektiere dein Urteil, denn ich darf nicht davon ausgehen, dass ich klüger oder besser bin als du.«

Sachdimension: »Dein Urteil ist inhaltlich falsch.«

Wenn zum Zweck der Anerkennung das moralische Urteil seinem Gehalt nach auf ein nacktes Wollen reduziert wird, streift es seinen vernünftigen Charakter ab. Folglich muss die praktische Vernunft, um sich zu realisieren, ihre eigene Negation in Kauf nehmen. Respektiert wird, was keinen Respekt zu gebieten vermag, weil es *bloß* das Wollen eines Urteilenden ist. Das Wollen des anderen wird zwar gewollt; aber es wird *unwillig* gewollt.

Die Grundlage der Selbstnegation, die der Vernunft erst Wirklichkeit verschafft, ist der Widerstreit zwischen der Sachdimension und der Sozialdimension des moralischen Urteils.

Auflösen lässt sich diese Antinomie mit Blick auf das, was von den Urteilen verbleibt, nachdem man ihnen die evaluative Einkleidung genommen hat. Das ist die in der Sozialdimension – im »äußeren« Verhältnis – manifeste Willkür.

§ 182

Jede Abgrenzung von Willkürsphären muss aber auf die praktische Vernunft rekurrieren. Das schließt die Besonderheit ein. Die Eliminierung der besonderen moralischen Charaktere muss insofern wieder rückgängig gemacht werden.

Allerdings findet deren Wiederkehr auf der Ebene des Rechtsverhältnisses unter der Voraussetzung einer prinzipiellen Isosthenie – des Gleichstands – von Gründen statt. Die Möglichkeit der praktischen Vernunft bleibt von ihrer eigenen Unmöglichkeit überschattet.

Jede Abgrenzung von Willkürsphären *muss* mit widerstreitenden moralischen Urteilen rechnen. Daher muss jede moralische Begründung unter dem Vorzeichen einer Entscheidung vollzogen werden.

Entscheidungen sind ein Ausdruck von Moral zweiter Ordnung. Sie befreien das Handeln von der Lähmung, in die es gerät, wenn es von unzureichenden Gründen gefesselt wird. Im Beispielsfall sind die Verallgemeinerungen, die sich aus der Sicht der jeweiligen Charaktere vollziehen lassen, solche unzureichenden Gründe. Sie sind es deswegen, weil in ihnen die Selbstauslöschung dieser Charaktere noch nicht vollzogen worden ist. Erst mit diesem Schritt entfällt die Verankerung der Verallgemeinerung in einem besonderen moralischen Charakter.

Das Recht gilt kraft Entscheidung. Das bedeutet nichts anderes, als dass es kraft reflexiver Universalisierung gilt. Das Entscheiden steht für die Überwindung der besonderen moralischen Charaktere und damit – paradoxerweise – für die Realisierung von Universalität.

Die moralische Begründung wird deswegen nicht irrelevant. Sie kann ihre Relevanz aber nur insofern beweisen, als sie von einer Entscheidung getragen wird, in welcher die Selbstnegation der Moral im Recht erhalten bleibt.

§ 183

Moralist: »Nihilist!«
Nihilist: »Moralist!«

§ 184

Die praktische Vernunft vermag kraft der Auflösung ihrer Antinomie im Rechtsverhältnis wirklich zu werden.

Mit einer Entscheidung wird etwas festgelegt. Aber damit ist es noch nicht durchgesetzt. Beim Recht verbindet man das Durchsetzen mit Zwang.

§ 185

Zwischen Rechtsnormen und dem Zwang wird oftmals eine äußerliche Beziehung etabliert. Rechtsnormen gelten demnach als so bedeutend, dass man ihre Beachtung nicht dem zufälligen guten Willen der Menschen oder dem mehr oder minder sanften Walten des sozialen Drucks überlassen darf. Sie müssen mit harten Sanktionen bewehrt werden.

Die Sanktionsbewehrung erzwingt das normkonforme Verhalten. Der Zwang wirkt auf den Willen. Wenn sich der Wille nicht beeindrucken lässt, dann folgt auf die Zwangsdrohung jener harte Zwang, der den Willen effektiv bezwingt. Am Ende gibt es die Gewalt.

Der Zögling, die Mutter, das Kind und der Rechtsrealist johlen begeistert auf und klatschen einander wechselseitig auf ihre erhobenen Handflächen.

§ 186

Diese Auffassung ist nicht unplausibel. Allerdings wird sie dem Umstand nicht gerecht, dass die Verbindlichkeit, die mit dem Recht entsteht, einem unwilligen Wollen entspringt.

Unwillig ist ein Wollen, das unter einem Zwang steht.

§ 187

Wenn man aus Einsicht handelt, will man, was man tut. Das Handeln beruht auf einer freien Wahl. Diese ist, insofern sie sich auf Einsicht stützt, nicht willkürlich. Wenn etwas auf dem Spiel steht, worin Menschen ihr Herz gelegt haben, steigert sich die Abwesenheit von Willkür sogar zur Erfahrung von Notwendigkeit. Die Menschen können nicht anders. Ihr Wählen *gilt* ihnen als ein Müssen.

§ 188

Die einsichtsbestimmte Nötigung ist vom Zwang verschieden. Allerdings sieht der Zwang ihr zum Verwechseln ähnlich.

Der Zwang und die Zwangslage stellen die gezwungene Person vor eine Wahl, die für die Person keine Wahl sein darf. Das ist aus zwei Gründen der Fall.

Erstens konfrontiert eine Zwangslage oder eine Drohung eine Person mit der Wahl zwischen (mindestens) zwei Übeln. Sie will vor dieser Wahl nicht stehen.

Zweitens ist in der Situation schon klar, wie die Wahl ausfallen muss. Für einen Vater stellt sich die Wahl zwischen der Zahlung von Lösegeld und dem Verlust des Lebens seiner Tochter nicht als eine solche dar. Er hat keine andere Wahl, als das Lösegeld zu zahlen. Er muss es tun, weil er ist, wer er ist, nämlich ein Vater.

§ 189

Die in der Situation dominierende Identität des Wählenden präjudiziert die Entscheidung. Sie ist die Norm, die keine Ausnahme duldet.

Durch den Zwang werden identitätskonstitutive Einstellungen einer Person zum Instrument, sie etwas wollen zu lassen, was sie unabhängig von der Zwangssituation nicht wollen würde. Das ist möglich, weil die Person sich einer Alternative nicht entziehen kann, in der sie sich mit zwei Übeln konfrontiert sieht, von denen das eine unverhältnismäßig schwerer wiegt als das andere.

Der Zwang macht die gezwungene Person etwas wollen, was sie an sich nicht will. Ihr Wollen ist *widerwillig*.

§ 190

Auch das Handeln aus Einsicht involviert die Identität; aber nicht im Sinne eines Fluchs, sondern als biografischer Prozess, in dem sich die Person im Wechselspiel mit einzelnen Handlungen konstruiert und rekonstruiert. Die Identität bleibt im Fluss, weil die Person sich durch verlockende Optionen herausfordern und verführen lässt.

Dieses spielerische Variieren wird durch eine erzwungene Wahl zwischen zwei Übeln ausgeschlossen. Ein Teil des Konglomerats von freiwillig angenommenen Rollen, deren Zusammenspiel die personale Identität ausmacht, ist durch die Androhung eines Übels betroffen. Dieser Teil rückt damit ins Zentrum der Persönlichkeit. Der Vater einer entführten Tochter ist *bloß noch* ein Vater. Der von einer bewaffneten Räuberin bedrohte Mann ist *bloß noch* ein verängstigtes Lebewesen.

Das schwer fassbare Ganze, das eine Person über ihre Rollen oder Funktionen hinaus ausmacht, verschwindet. Dieses Ganze, das sich einer endgültigen Bestimmung entzieht, zumal es sich in Handlungsvollzügen beständig erneuert, wird einem seiner Teile untergeordnet.

§ 191

Am Zwang irritiert nicht nur die unausweichliche Wahl zwischen zwei Übeln. Die gezwungene Person bildet nach wie vor einen Willen und verpflichtet sich selbst. Der Zwang wirkt auf den Willen. In der Zwangssituation weiß die Person, was sie zu tun hat. Aus dem Zwang ergibt sich ein Handlungsgrund. Insofern ist der Zwang eine Quelle von Pflichten. Allerdings geht die Verpflichtung von einem in der Situation dominierenden Teil der Person aus, wodurch die Person, die über ihre Teile hinausgeht, aus der Person – und insofern aus sich selbst – gedrängt wird. Nicht nur hat die Person keine Wahl, als zu wollen, was sie wollen muss, es wird für sie von einem Teil ihrer Persönlichkeit gewollt. Nicht zuletzt aus dieser Dominanz des Teils über das Ganze erklärt sich, weshalb der Zwang die Autonomie beleidigt.

Wenn die Zwangssituation gezielt durch einen anderen hervorgebracht wird, dann wird das unvermeidliche Wollen des Gezwungenen zum Instrument, den Willen des Zwingenden zu realisieren. Der Wille des Gezwungenen wird durch den Willen des Zwingenden verursacht, weil der Gezwungene ohne die Zwangssituation nicht wollte, was er in ihr will. Das unwillige Wollen ist fremdbestimmt.

Zur Realisierung des in der Zwangssituation bevorzugten Übels besteht außerhalb dieser Situation keine moralische Verpflichtung. Die Zwangssituation verschafft einen Ersatz für die fehlende moralische Verpflichtungskraft. Der Zwang vertritt die fehlende Autorität.

Jede Form der Zwangsbewehrung signalisiert eine von Einsicht unabhängige Maßgeblichkeit. Sie wirft stets die Frage auf, ob ein Mangel an Autorität kompensiert oder der Uneinsichtigkeit der Adressaten vorgebeugt wird.

§ 192

Kind (quengelig) : »Nein! Nei–ein!«

Mutter: »Du machst das jetzt. Das ist vernünftig. Du machst das jetzt. Das ist vernünftig. Du machst das jetzt, oder es setzt was.«

Leserin (zum Autor): »Ihre Beispiele sind auffällig frauenfeindlich.«

Vater: »Du machst das jetzt. Das ist vernünftig. Du machst das jetzt. Das ist vernünftig. Du machst das jetzt, oder es setzt was.«

Autor (zur Leserin): »Besser?«

Leserin (zum Autor): »Ja.«

§ 193

Die Rechtspflicht ist ihrem Ursprung nach ein widerwilliges Wollen. Es ist ihr daher nicht äußerlich, durch die Androhung eines Übels bewirkt zu werden. Der Zwang expliziert den Grund des Rechts.

Auf der Ebene des Rechtsverhältnisses muss niemandem einleuchten, was der andere will. Wenn es um die Schönheit des Motorradgeräusches geht, darf der vom Lärm Betroffene uneinsichtig bleiben. Es darf ihm nicht zugemutet werden, zum Dulden dieses Geräusches durch den zwanglosen Zwang guter Gründe bewogen zu werden.

Wissender (beinahe brüllend zum Autor): »Seien sie doch nicht so starrköpfig! Sie müssen das doch verstehen!«

Die Verpflichtung zu dulden, was die anderen tun, kann nicht und muss nicht auf der Einsicht in die Richtigkeit dieses Tuns beruhen. Wenn aber dennoch eine Verpflichtung bestehen muss, weil andernfalls die Gegenseitigkeit zusammenbräche, ist diese bloß aufgrund der Ersatzautorität des Zwangs möglich.

Der Zwang ermöglicht eine Verpflichtung, wenn in der Relation zwischen Personen die guten Gründe entfallen.

§ 194

Zum Verständnis der Rechtspflicht ist also John Austins Vorstellung umzukehren (siehe oben § 94). Die Verpflichtung entspringt nicht der Nötigung. Vielmehr muss es, damit es ein Rechtsverhältnis geben kann, eine Form der Verpflichtung geben, die nicht auf der Einsicht in die inhaltliche Gültigkeit des zu achtenden Wollens beruht. Der Zwang ist dazu geeignet, eine Verpflichtung dieser Art hervorzurufen. Weil diese Verpflichtung real möglich sein muss, darf es den Zwang geben.

Die Beziehung zwischen dem Recht und dem Zwang ist aber noch enger.

Letztlich konfrontiert uns die Divergenz menschlichen Urteilens mit einer Zwangslage. Wir stehen vor der unerwünschten Alternative, entweder dem Wollen der anderen Raum zu geben, selbst wenn wir es, wie im Fall des Betriebs eines Kraftrads, für falsch halten, oder jene Gegenseitigkeit aufs Spiel zu setzen, die es uns ermöglicht, in der sozialen Welt als frei urteilende und handelnde Wesen vorzukommen. Weil wir frei handelnde Wesen sein wollen, wiegt der Verlust der Gegenseitigkeit schwerer als das Zurückweichen vor dem Anderssein der anderen und der damit verbundenen Begegnung mit unserer veranderten Vernunft. Wir entscheiden uns für das Rechtsverhältnis. Unsere soziale Natur nötigt uns dazu. Wir haben keine andere Wahl.

Allerdings kennt die Entscheidung für die Gegenseitigkeit eine Grenze. Jene fällt dann nicht mehr ins Gewicht, wenn sie in einer Welt resultierte, in der wir uns nicht mehr finden könnten. Die Lehre vom Rechtsverhältnis kommt nicht ohne den Begriff des Bösen aus. Das Böse ist vom bloß Unmoralischen verschieden. Es erschüttert unser Vertrauen in die Welt.

§ 195

Leserin: »Kommen Sie doch bitte zum Schluss. Ich bin müde, und mir kommt das alles reichlich philosophisch vor.«
Autor: »Wie Sie wollen.«

§ 196

Die Verbindlichkeit des Rechts ist von der Verbindlichkeit der Moral verschieden. Die Erklärung dafür ist die reflexive Universalisierung. Das Recht entsteht, indem sich die Moral von sich selbst unterscheidet und über sich selbst erhebt.

Das Recht gilt aufgrund von Entscheidungen. Sie symbolisieren die Loslösung von jedem bestimmten moralischen Charakter. Insofern ist die Rechtsverbindlichkeit die moralische Verbindlichkeit niemandes Bestimmten.

Die Rechtsverbindlichkeit entspringt einem unwilligen Wollen. Dieses Wollen zu bewirken ist die Funktion des Zwangs.

Unwilliges Wollen ist so beschaffen, dass man sich von ihm innerlich distanziert, wenn man es affirmiert. Alles Bejahen ist immer auch Verneinen, jede Behauptung ebenso ein Widerrufen.

§ 197

Aus dem Zwang erklärt sich der mit dem Recht geschaffene Handlungsgrund. Die Bedeutung des rechtlich Geforderten verdankt sich indessen einer Entscheidung. Das Recht entstammt einer Quelle. Es erschöpft sich nicht in dem, was de facto durchgesetzt wird. Die Durchsetzung unterstellt sich einer vorweg festgelegten Verbindlichkeit.

Das rechtliche Wissen ist darauf zugeschnitten zu bestimmen, was jemand von anderen fordern darf. Um diesem Zuschnitt zu genügen, hat es im Verhältnis zu den Quellen eine konstruktive Verstehensleistung zu erbringen. Das Verstehen wird vollzogen im Hinblick auf jenes Prinzip, das dem Rechtsverhältnis inhärent ist. Es geht um die Gleichbehandlung des Gleichen. Die systematische Interpretation des aus Quellen abstammenden Rechts orientiert sich an der Gleichheit.

§ 198

Die Rechtsverbindlichkeit wird in der Legalität des Verhaltens adäquat zum Ausdruck gebracht. Man befolgt äußerlich, also ohne Rücksicht auf die Gründe, welche das Recht inhaltlich vernünftig erscheinen lassen. Im Recht – in den Forderungen der anderen, in den Zumutungen seitens der Gesetzgebung – begegnet uns von ihrem Anspruch her eine veranderte Vernunft.

Die Legalität bestimmt auch den angemessenen Habitus des rechtlichen Wissens. Das unwillige Wollen dessen, was eine veranderte Vernunft fordert, drückt sich aus in der heiteren Ironie, mit der das rechtliche Wissen bestimmt, was getan werden soll.

Die adäquate Haltung rechtlichen Wissens wird am besten erfasst, wenn man sie mit der hermeneutischen Anstrengung einer Werkinterpretation vergleicht. Eine solche Interpretation wird in der Tat bestrebt sein, dem Werk gemessen an der dem Autor zurechenbaren Intention das bestmögliche Aussehen zu verleihen. Allerdings wird die Interpretation stets unter dem Vorbehalt stehen, dass die Wahrheit oder Falschheit des Werks für die Angemessenheit der Interpretation unerheblich ist. Es ist denkbar, aufschlussreiche Deutungen der Werke Kants oder Wittgensteins zu entwickeln, auch wenn man als Interpretin letztlich zur Auffassung gelangt, dass Kants oder Wittgensteins Philosophie ziemlich unsinnig ist.

Die Befreiung von der Last, das Werk als vernünftig verteidigen zu müssen, verleiht der Interpretation eine spielerische Anmut. Das Denken erhebt sich frech über die Verantwortung fürs Gedachte, indem es sich dem Denken eines anderen überlässt, der gegen die Deutung seines Denkens keinen Einspruch erheben kann.

Im Fall des rechtlichen Wissens kommt diese Heiterkeit hervor an der Lust, mit der von der Reserve gebraucht gemacht wird, das Gedachte als das Denken des Rechts auszugeben.

Wissender: »Die Menschenwürde verbietet es, ein Flugzeug abzuschießen, das von Terroristen mit der Absicht entführt worden ist, über dicht bewohntem Gebiet zum Absturz gebracht zu werden. Die getöteten Passagiere würden durch einen solchen Abschuss zu bloßen Mitteln degradiert und also nicht als Zweck an sich selbst geachtet. So lässt sich zumindest die Rechtsprechung des Bundesverfassungsgerichts verstehen.«

Wegen der Emanzipation von der Verantwortung für die Vernünftigkeit des Rechts nimmt die Ironie rechtlichen Wissens mitunter auch eine romantische Färbung an. Dann drängt sich das Spiel der Argumente und Gegenargumente als sein Proprium auf. Philosophen der Romantik erblickten in dem dialogischen Prozess, in dem ein Gedanke sofort von seinem Gegengedanken gejagt wird, eine Spielart der Ironie. Das Denken gerate in einen unendlichen Zirkel von Schöpfung und Zerstörung, in dem nichts mehr feststehe. Rechtliches Wissen, das sich – wie beim *moot court training* – in simulierten Räumen aufhält und nichts entscheidet, wächst in ein solches romantisches Format. Jede Entscheidung mutet im Vergleich zur Subtilität, mit der sich perpetuierlich Argumente und Gegenargumente entwickeln lassen, intellektuell verarmt an.

Wie man es dreht und wendet: Aus der Sicht der Argumentierenden, die ein Gegenargument erwarten, oder aus der Sicht der Entscheidenden, die um die Unzulänglichkeit ihrer Argumentation wissen – das rechtliche Wissen bleibt ein frustrierendes Geschäft.

§ 199

Die Grundlage der von den Realisten unaufgeklärt gelassenen Doppelung steht uns nunmehr vor Augen. Das rechtliche Wissen arbeitet mit Verbindlichkeitszuschreibungen, wenn auch mit jener ironischen Brechung, die dem Umgang mit veranderter Vernunft angemessen ist.

Der Gebrauch dieses Wissens hat vor den Tribunalen des Eigeninteresses und der Moral zu bestehen. Gleichwohl verfügt es gegenüber den Forderungen dieser Tribunale über eigenes Gewicht, das dem Bemühen entspringt, das Rechtsmaterial konstruktiv in einen Zusammenhang zu bringen. Dieser soll – im Geiste von Dworkins »Schema« (siehe oben § 148) – die Gleichbehandlung der gleichgelagerten Fälle vermitteln.

Die Entzweiungen, die uns im Rechtsdenken begegnen, sind Abkömmlinge der Antinomie der praktischen Vernunft. Inhaltlich sind Entscheidungen immer auch anders denkbar.

§ 200

Der Dichter betritt die Bühne, in deren Mitte sich ein schmaler Tisch befindet. Auf dem Tisch steht ein Kassettenrekorder. Der Dichter drückt die Play-Taste. Man vernimmt die Stimme des Verurteilten: »Du Nazi-Sau!«

Das Licht erlischt, der Vorhang fällt schnell.

Bibliografische Hinweise

Ausgezeichnete Einführungen in die Rechtstheorie, die einerseits eine ausführliche Übersicht über die Strömungen und mitunter eine eingehendere Auseinandersetzung mit einzelnen Positionen bieten, sind die Werke von Brian Bix, *Jurisprudence. Theory and Context*, 7. Auflage Durham 2015, und Nigel E. Simmonds, *Central Issues in Jurisprudence. Justice, Law and Rights*, 4. Auflage London 2013. Sehr hilfreich sind *A Companion to Philosophy of Law and Legal Theory*, hrsg. v. D. Patterson, 2. Auflage Oxford 2010, und Brian H. Bix, *A Dictionary of Legal Theory*, Oxford 2004.

Eine Anthologie von wichtigen Texten der angloamerikanischen Tradition trägt den Titel *Philosophy of Law and Legal Theory*, hrsg. v. D. Patterson, Oxford 2003.

Einführungen in neuere kontinentaleuropäische Ansätze finden sich in *Neue Theorien des Rechts*, hrsg. v. S. Buckel & R. Christensen, 2. Auflage Stuttgart 2008.

Eine Rechtstheorie, welche die Aufgabe ernst nimmt, für die juristische Methode fruchtbar zu sein, bietet Michael Potacs, *Rechtstheorie*, Wien 2015. Stark an der soziologischen Systemtheorie orientiert ist Thomas Vesting, *Rechtstheorie. Ein Studienbuch*, 2. Auflage München 2015. Ein gediegenes Übersichtswerk bietet Matthias Mahlmann, *Rechtsphilosophie und Rechtstheorie*, 3. Auflage Baden-Baden 2014.

Die in der Einleitung entwickelte Theorie der Rechtsquellen ist inspiriert von Friedrich Carl von Savigny, *Vom Beruf unserer Zeit für Gesetzgebung und Rechtswissenschaft*, 2. Auflage Heidelberg 1828, und Georg Friedrich Puchta, *Das Gewohnheitsrecht*, Bd. 1, Erlangen 1828, Bd. 2, Erlangen 1837.

Den Begriff der »Veranderung« entnehme ich Michael Theunissen, *Der Andere. Studien zur Sozialontologie der Gegenwart*, 2. Auflage Berlin/New York 1977.

Eine erste Exposition des Themas »Rechtstheorie als Theorie rechtlichen Wissens« findet sich in meinem Buch *Rechtliches Wissen*, Frankfurt/Main 2006.

2.

Zur »Begriffsjurisprudenz« siehe die Anthologie *Theorie und Technik der Begriffsjurisprudenz*, hrsg. v. W. Krawietz, Darmstadt 1976; zur Kritik an dieser Denkweise siehe nach wie vor Eugen Ehrlich, *Die juristische Logik*, 2. Auflage Tübingen 1925.

Neuere nuancierte Perspektiven auf die deutsche Begriffsjurisprudenz bieten Ulrich Falk, *Ein Gelehrter wie Windscheid. Erkundungen auf den Feldern der sogenannten Begriffsjurisprudenz*, Frankfurt/Main 1989; Hans-Peter Haverkamp, *Georg Friedrich Puchta und die ›Begriffsjurisprudenz‹*, Frankfurt/Main 2004; Thomas Henkel, *Begriffsjurisprudenz und Billigkeit. Zum Rechtsformalismus der Pandektistik nach G. F. Puchta*, Köln 2004; Christoph-Eric Mecke, *Begriff und System des Rechts bei Georg Friedrich Puchta*, Göttingen 2009.

Zum »Formalismus« in der Geschichte der amerikanischen Rechtswissenschaft siehe Thomas C. Grey, Langdell's Orthodoxy, in: *The Philosophy of Legal Reasoning: A Collection of Essays by Philosophers and Legal Scholars*, hrsg. v. S. Brewer, New York 1998, 115–67; Neil Duxbury, *Patterns of American Jurisprudence*, Oxford 1995, 9–64. Für eine Darstellung, die versucht, beide Seiten des Nordatlantiks gleichermaßen zu berücksichtigen, siehe Kaarlo Tuori, *Ratio and Voluntas. The Tension Between Reason and Will in the Law*, Surrey/Burlington 2011, 75–144.

Für eine unzeitgemäße Verteidigung des Formalismus siehe Ernest J. Weinrib, ›Legal Formalism: On the Immanent Rationality of the Law‹ in: *Yale Law Journal* 97 (1988), 949–1016.

Jherings Ideen, von denen er sich später (leider) distanzierte, finden sich in Rudolph von Jhering, *Der Geist des römischen Rechts auf den verschiedenen Stufen seiner Entwicklung*, Bd. 1 (6. Auflage) Leipzig 1907; Bd. 2/2 (5. Auflage) Leipzig 1898. Meine Deutung Jherings entwickle ich in meinem Aufsatz ›Legal Formality and Freedom of Choice. A Moral Perspective on Jhering's Constructivism‹ in: *Ratio Juris* 15 (2002), 52–62, und in meinem Buch *Rechtssystem und Re-publik. Über die politische Funktion des systematischen Rechtsdenkens*, Wien/New York 1992.

3.

Zur Freirechtsbewegung siehe nach wie vor Klaus Riebschläger, *Die Freirechtsbewegung. Zur Entwicklung einer soziologischen Rechtsschule*, Berlin 1969; neuerdings auch Sebastian Silberg, *Hermann Ulrich Kantorowicz und die Freirechtsbewegung*, Berlin 2005.

Das berühmteste Pamphlet der »Bewegung« wurde unter dem Pseudonym »Gnaeus Flavius« veröffentlicht und stammt von Hermann Ulrich Kantorowicz. Siehe ›Der Kampf um die Rechtswissenschaft‹ (1906), in: ders., *Rechtswissenschaft und Soziologie*, hrsg. v. Th. Würtenberger, Karlsruhe 1962, 13–40.

Über die Beziehungen zwischen Freirechtsbewegung und amerikanischem Rechtsrealismus siehe James E. Herget/Stephen Wallace, ›The German Free Law Movement as the Source of American Legal Realism‹, in: *Virginia Law Review* 73 (1987), 399–455. Zu Kantorowicz' Kritik am Regelskeptizimus der Realisten siehe Hermann Ulrich Kantorowicz, ›Some Rationalism about Realism‹ in: *Yale Law Journal* 43 (1934), 1240–1253.

Ein Vorläufer der Realisten war Oliver Wendell Holmes. Seine berühmte Rede »The Path of the Law« war in gewisser Weise die Unabhängigkeitserklärung der amerikanischen Rechtstheorie. Siehe Oliver Wendell Holmes, ›The Path of the Law‹, wiederabgedruckt in: *Harvard Law Review* 110 (1997), 991–1009 (Erstveröffentlichung 1897). Steven J. Burton hat zu diesem Aufsatz eine wunderbare Anthologie von Beiträgen herausgegeben: *The Path of the Law and Its Influence. The Legacy of Oliver Wendell Holmes, Jr.*, Cambridge 2000.

Eine Anthologie ausgewählter Schriften der Rechtsrealisten bietet *American Legal Realism*, hrsg. v. William Fisher III – Morton Horwitz – Thomas A. Reed, New York/Oxford 1993. Die drei vielleicht repräsentativsten Bücher dieser Strömung sind Karl Llewellyn, *The Bramble Bush. On our Law and its Study* (1930), 11. Auflage New York/Oxford 2008; Jerome Frank, *Law and the Modern Mind* (1930), hrsg. v. Brian Bix, New York 2008, und die Anthologie der Schriften von Felix S. Cohen, *The Legal Conscience*, hrsg. v. L. K. Cohen, New Haven 1960.

Die beste neuere Interpretation des amerikanischen Rechtsrealismus bietet Michael S. Green, ›Legal Realism as a Theory of Law‹, in: *William and Mary Law Review* 46 (2005), 1915–2000. Empfehlenswert sind auch Joseph W. Singer, ›Legal Realism Now‹, in: *California Law Review* 76

(1988), 467–544; Robert S. Summers, *Instrumentalism and American Legal Theory*, Ithaca/London 1982; Wilfrid E. Rumble, *American Legal Realism*, Ithaca 1968. Ein wenig zu selbstverliebt, aber von der Grundidee her klar ist Brain Leiter, *Naturalizing Jurisprudence. Essays on American Legal Realism and Naturalism in Legal Philosophy*, Oxford 2007.

Die im Text erwähnten Ideen Lon Fullers finden sich in seinem Werk *The Morality of Law*, New Haven 1969. Eine exzellente und besonders lesenswerte Weiterführung der Fuller'schen Überlegungen bietet Nigel Simmonds, *Law as a Moral Idea*, Oxford 2007.

Die rechtsphilosophischen Ideen Gustav Radbruchs können in einer hervorragenden Edition seiner »Rechtsphilosophie« studiert werden: Gustav Radbruch, *Rechtsphilosophie. Studienausgabe*, hrsg. v. R. Dreier/S.L. Paulson, 2. Auflage Heidelberg 2003. Zur Erläuterung siehe Robert Alexy, *Mauerschützen. Zum Verhältnis von Recht, Moral und Strafbarkeit*, Göttingen 1997.

4.

Ein Grundtext des modernen Rechtspositivismus ist gewiss H.L.A. Hart, ›Positivism and the Separation of Law and Morals‹, in: *Harvard Law Review* 71 (1958), 593–621.

Hans Kelsens Oeuvre ist umfangreich und quälend redundant. Ich erwähne bloß die beiden Auflagen von *Reine Rechtslehre* (Leipzig 1934 bzw. Wien 1960) und die posthum von R. Walter und K. Ringhofer herausgegebene *Allgemeine Theorie der Normen* (Wien 1979). In diesem letzten Werk unterliegt die *Reine Rechtslehre* bereits einem Abbau. Zum Einstieg empfehle ich die erste Auflage der *Reinen Rechtslehre*, die in einer von Matthias Jestaedt besorgten Neuausgabe vorliegt (Tübingen 2008). Zur Nähe von Kelsens Theorie zur Philosophie Immanuel Kants siehe Stanley L. Paulson, ›The Neo-Kantian Dimension of Kelsen's Pure Theory of Law‹ in: *Oxford Journal of Legal Studies* 12 (1992), 311–332. Zu den unterschiedlichen Perioden von Kelsens Lehre siehe ders., ›Arriving at a Defensible Periodization of Hans Kelsen's Legal Theory‹, in: *Oxford Journal of Legal Studies* 19 (1999), 351–364. Zur Grundnorm siehe ders., ›The Great Puzzle: The Grundnorm‹ in: *Kelsen Revisited. New Essays on the Pure Theory of Law*, hrsg. v. L. Duarte de Almeida/J. Gardner/l. Green, Oxford 2013, 42–61.

H.L.A. Harts Hauptwerk ist *The Concept of Law* (2d. ed. Clarendon Press, 1994).

John Austins einschlägiges Werk ist *The Province of Jurisprudence Determined*, hrsg. v. W. Rumble, Cambridge 1995.

Joseph Raz' Theorie der Autorität erschließt sich wohl am schnellsten in dem Aufsatz ›Authority, Law, and Morality‹ in: ders., *Ethics in the Public Domain: Essays in the Morality of Law and Politics*, 2. Auflage Oxford 1995, 210–237. Ansonsten ist sie ausführlich entwickelt in seinem Buch *The Morality of Freedom*, Oxford 1986, und nuanciert verteidigt in *Between Authority and Interpretation. On the Theory of Law and Practical Reason*, Oxford 2009.

5.

Der späte, an Hart anschließende Positivismus ist vor allem in folgenden Werken manifest: *Hart's Postscript. Essays on the Postscript to the Concept of Law*, hrsg. v. J. Coleman, Oxford 2001; *The Oxford Handbook of Jurisprudence and Philosophy of Law*, hrsg. v. J. Coleman/S. Shapiro, Oxford 2002; Jules Coleman, *The Practice of Principle. In Defence of a Pragmatist Approach to Legal Theory*, Oxford. 2001; Kenneth Einar Himma, *The Nature of Law. Philosophical Issues in Conceptual Jurisprudence and Legal Theory*, New York 2001; Andrei Marmor, *Philosophy of Law*, Princeton, 2011; John Gardner, *Law as a Leap of Faith. Essays on Law in General*, Oxford 2012.

Philipp Hecks Unterscheidung zwischen »Begriffskern« und »Begriffshof« findet man in der Sammlung seiner Schriften *Das Problem der Rechtsgewinnung – Gesetzesauslegung und Interessenjurisprudenz – Begriffsbildung und Interessenjurisprudenz*, hrsg. v. R. Dubischar, Bad Homburg vor der Höhe 1968.

Eine prominente Verteidigung des »inklusiven« Rechtspositivismus findet sich bei Jules Coleman, ›Negative and Positive Positivism‹ in: *Journal of Legal Studies* 11 (1982), 139–164.

Zur »Dekonstruktion« des Hart'schen Regelverständnisses siehe Stanley L. Fish, ›Force‹ in: ders., *Doing What Comes Naturally*, Oxford 1989, 503–523.

Joseph Raz entwickelt seine Vorstellung von Rechtsregeln meisterhaft in *Practical Reasons and Norms*, 3. Auflage Oxford 1999.

Eine kritische Auseinandersetzung mit der Semantisierung bietet meine Schrift *Der Gegenstand der Rechtserkenntnis. Epitaph eines juristischen Problems*, Baden-Baden 1996.

Einige von Sanders Schriften liegen gesammelt vor in *Die Rolle des Neukantianismus in der Reinen Rechtslehre. Eine Debatte zwischen Sander und Kelsen*, hrsg. v. S. L. Paulson, Aalen 1988. Eine Wiederaufnahme Sander'scher Motive findet sich bei Christoph Kletzer, ›Absolute Positivism‹, in: *Netherlands Journal of Legal Philosophy* 42 (2013), 87–99. Adolf Julius Merkls Kritik an Sander ist dokumentiert in *Die Lehre von der Rechtskraft entwickelt aus dem Rechtsbegriff. Eine rechtstheoretische Untersuchung*, Leipzig/Wien 1923. Eine historische Aufarbeitung bietet Axel-Johannes Korb, *Kelsens Kritiker. Ein Beitrag zur Geschichte der Rechts- und Staatstheorie* (1911–1934), Tübingen 2010.

Niklas Luhmanns rechtstheoretisches Werk ist ebenfalls sehr umfangreich. Drei Werke haben indes das Zeug zum Klassiker: die frühe *Rechtssoziologie*, 4. Auflage Wiesbaden 2008, *Legitimation durch Verfahren*, 4. Auflage Frankfurt/Main 1986, und *Das Recht der Gesellschaft*, Frankfurt/Main 1993.

Ein bedeutender juristischer Systemtheoretiker ist Gunther Teubner. Er hat viel zu Problemen des rechtlichen Steuerungsversagens und der Globalisierung gearbeitet. Hier seien bloß sein rechtstheoretisches Hauptwerk und sein jüngster Beitrag zur Verfassungstheorie genannt: *Recht als autopoietisches System*, Frankfurt/Main 1989; *Verfassungsfragmente*, Berlin 2012.

Ein weiterer bedeutender Vertreter dieses Ansatzes ist Karl-Heinz Ladeur, siehe seine *Postmoderne Rechtstheorie. Selbstreferenz – Selbstorganisation – Prozeduralisierung*, Berlin 1995, und *Die Textualität des Rechts. Zur poststrukturalistischen Kritik des Rechts*, Weilerswist 2005; dazu auch Ino Augsberg, *Die Lesbarkeit des Rechts. Texttheoretische Lektionen für eine postmoderne juristische Methodologie*, Weilerswist 2009; ders./Tobias Gostomzyk/Lars Viellechner, *Denken in Netzwerken: Zur Rechts- und Gesellschaftstheorie Karl-Heinz Ladeurs*, Tübingen 2009.

An Wittgenstein orientierte Ansätze einer nachpositivistischen Rechtstheorie bieten Dennis Patterson, *Law and Truth*, New York/Oxford 1996, und Friedrich Müller/Ralph Christensen, *Juristische Methodik.* Band I: *Grundlegung für die Arbeitsmethoden der Rechtspraxis*, 11. Auflage Berlin 2013.

6.

Kritisch einführend zum »Institutionalismus« siehe Bernd Rüthers, *Institutionelles Rechtsdenken im Wandel der Verfassungsepochen*, Berlin 1970. Eine Auswahl der Schriften ihres Hauptvertreters findet sich in Maurice Hauriou, *Die Theorie der Institution und zwei andere Aufsätze*, hrsg. v. R. Schnur, Berlin 1965.

Ein schönes Beispiel für die produktive Anwendung Hauriou'scher Gedanken ist Peter Häberles *Die Wesensgehaltsgarantie des Art. 19 Abs. 2 des Grundgesetzes*, 3. Auflage Heidelberg 1983. Vertreten wurde der Ansatz auch von Donald Neil MacCormick und Ota Weinberger. Siehe das gemeinsame Werk *Grundlagen des institutionalistischen Rechtspositivismus*, Berlin 1985.

Carl Schmitts *Über die drei Arten des rechtswissenschaftlichen Denkens*, Hamburg 1934, ist im Kontext der nationalsozialistischen Rechtstheorie zu sehen. Diese ist in einer Anthologie nunmehr exemplarisch dokumentiert: *Rechtfertigungen des Unrechts. Das Rechtsdenken im Nationalsozialismus in Originaltexten*, hrsg. v. H. Pauer-Studer/J. Fink, Berlin 2014.

Bei dem im Text erwähnten spätpositivistischen Werk handelt es sich um Scott J. Shapiro, *Legality*, Cambridge, Mass. 2013. Aufbauend auf Coleman und die Intentionalitätstheorie von Michael Bratman entwirft Shapiro eine Planungstheorie des Rechts.

Die beiden Werke Ronald Dworkins, die nach wie vor am besten in sein Rechtsdenken einführen, sind *Taking Rights Seriously*, 2. Aufl. Cambridge, Mass. 1978, und *Law's Empire*, Cambridge, Mass. 1986. Einführungen zu Dworkin bieten Stephen Guest, *Ronald Dworkin*, 3. Auflage Stanford 2012, und Arthur Ripstein, *Ronald Dworkin*, Cambridge 2007.

Robert Alexys Hauptwerk ist seine *Theorie der Grundrechte*, Baden-Baden 1985. Das einschlägige Werk von Klaus Günther ist *Der Sinn für Angemessenheit. Anwendungsdiskurse in Moral und Recht*, Frankfurt/Main 1988.

7.

Waldrons kritische Auseinandersetzung mit der »right answer thesis« findet man bei Jeremy Waldron, ›The Irrelevance of Moral Objectivity‹, in: ders., *Law and Disagreement*, Oxford 1999, 164–187.

Die eindrucksvollsten Arbeiten zu tragischen Konflikten und ihrer Wiederkehr im Kontext des Rechts stammen von Christoph Menke. Siehe vor allem *Tragödie im Sittlichen. Gerechtigkeit und Freiheit nach Hegel*, Frankfurt/Main 1996, und *Die Gegenwart der Tragödie. Versuch über Urteil und Spiel*, Frankfurt/Main 2005.

Eine Anthologie wichtiger Beiträge der Critical Legal Studies wurde herausgegeben von Alan C. Hutchinson, London 1989. Die wohl beste Einführung ist – trotz der starken Betonung von Law and Economics – nach wie vor Mark Kelman, *A Guide to Critical Legal Studies*, Cambridge, Mass. 1988.

Zwei Beiträge von Duncan Kennedy sind für den Aufstieg der Critical Legal Studies wesentlich: ›Form and Substance in Private Law Adjudication‹, in: *Harvard Law Review* 89 (1976), 1685–1778, und ›The Structure of Blackstone's Commentaries‹, in: *Buffalo Law Review* 28 (1979), 205–382. Eine kleine Auswahl von Kennedys rechtstheoretischen Schriften liegt nun vor unter dem Titel *Legal Reasoning: Collected Essays*, Aurora 2008. Sein eher labyrinthisches »Hauptwerk« ist *A Critique of Adjudication. Fin de Siecle*, Cambridge, Mass. 1998. Die Charakterisierung Kennedys als »Critical Legal Sartre« findet man bei Pierre Schlag, ›The Problem of the Subject‹, in: *Texas Law Review* 69 (1991), 1627–1743.

Mindestens ebenso einflussreich wie Kennedys frühe Aufsätze war Roberto Ungers *Knowledge and Politics*, New York 1975. Eine gewisse Rückschau auf die »Bewegung« bereits ders., *The Critical Legal Studies Movement*, Cambridge, Mass. 1986 (2. Auflage mit dem Untertitel *Another Time, A Greater Task*, London 2015).

Von Jack Balkins Werken sind hervorzuheben: ›The Crystalline Structure of Legal Thought‹ in: *Rutgers Law Review* 39 (1986), 1–110; ›Deconstructive Practice and Legal Theory‹, in: *Yale Law Journal* 96 (1987), 743–786; ›Taking Ideology Seriously: Ronald Dworkin and the CLS Critique‹, in: *UMKC Law Review* 55 (1987), 392–433. Für eine dekonstruktive Kritik an Balkin siehe Pierre Schlag, ›Le Hors de Texte, C'est Moi‹. The Politics of Form and the Domestication of Deconstruction, in: *Cardozo Law Review* 11 (1990), 1631–1674.

Leo Katz' einschlägiges Werk ist *Why the Law Is So Perverse*, Chicago 2011. Ein Vorgängerwerk, mit dem er allerdings nicht mehr zufrieden ist, ist *Ill-Gotten Gains. Evasion, Blackmail, Fraud, and Kindred Puzzles of the Law*, Chicago 1996.

8.

Die Theorie des Rechtsverhältnisses ist in verschiedensten Hinsichten entwickelt worden. Eine klassische Analyse der Beziehung zwischen Rechten und Pflichten bietet Wesley Newcomb Hohfeld, *Fundamental Legal Conceptions as Applied in Judicial Reasoning*, hrsg. W. W. Cook, New Haven 1946. Nicht gerade leichte Kost – aber höchst lesenswert – ist die Analyse des distanzierten Verhältnisses zwischen Rechtspersonen von Michael Oakeshott, ›The Rule of Law‹ in: ders., *On History and Other Essays*, Indianapolis 1983, 129–178. Zu den weiteren in diesem Kapitel entwickelten Gedanken siehe mein Werk *The Legal Relation. Legal Theory after Legal Positivism*, Cambridge 2017.

Personenregister

Sachregister

Alexander Somek ist seit 2015 Professor für Rechtsphilosophie an der Universität Wien. Zuvor war er Inhaber des Charles E. Floete Chair in Law am College of Law der University of Iowa und Gastprofessor u.a an der Princeton University und der London School of Economics. Veröffentlichungen u.a.: *Rechtliches Wissen*, Frankfurt/Main 2006; *The Cosmopolitan Constitution*, Oxford 2014; *The Legal Relation: Legal Theory after Legal Positivism*, Cambridge 2017.